Barbara Cratzius *Uns gefällt die Herbstzeit*

Uns gefällt

Neue Texte
als Herbst-Überraschung
im Kinderalltag

Barbara Cratzius

die Herbstzeit

Mit Liedkompositionen von Ludger Edelkötter
und vielen Illustrationen
von Gertrud Schrör

Herder Freiburg · Basel · Wien

Die Jahreszeiten erleben und gestalten mit

Barbara Cratzius

Jahreszeitenreihe:

Frühling im Kindergarten
(Best.-Nr. 3-451-27081-1)

Sommer im Kindergarten
(Best.-Nr. 3-451-27082-X)

Herbst im Kindergarten
(Best.-Nr. 3-451-27083-8)

Winter im Kindergarten
(Best.-Nr. 3-451-27084-6)

Neue Jahreszeitenreihe:

Uns gefällt die Frühlingszeit
(Best.-Nr. 3-451-27206-7)

Uns gefällt die Sommerzeit
(Best.-Nr. 3-451-27207-5)

Uns gefällt die Herbstzeit
(Best.-Nr. 3-451-26879-5)

Uns gefällt die Winterzeit
(Best.-Nr. 3-451-26880-9)

Uns gefällt die Weihnachtszeit
(Best.-Nr. 3-451-27208-3)

Jeder Band 128 Seiten

Alle Lieder dieses Buches sind von Ludger Edelkötter vertont und auf Musikcassette und CD „Uns gefällt die Herbstzeit“ produziert. Erschienen sind sie im IMPULSE Musikverlag Ludger Edelkötter, Natorp 21, 48317 Drensteinfurt, Tel.: 02508/673 u. 1027, Fax: 02508/9388 Bestellnummer MC IMP 1057,3 Preis DM 19,80, CD IMP 1057,7, Preis DM 19,80, zu bestellen über jede Buchhandlung oder direkt beim Verlag. Alle Rechte an den Liedern beim IMPULSE Musikverlag Ludger Edelkötter
Weitere Autoren, deren Bastel- und Rezeptvorschläge in dieses Buch aufgenommen wurden: I. Dupke, Kindergarten Lenggries, M. Schacherbauer, H. Schauder, A. Striebel, M. Vollweiter.

Gedruckt auf umweltfreundlichem, chlorfrei gebleichtem Papier

Umschlaggestaltung: Joseph Pölzelbauer, Freiburg
Umschlagfoto: Hartmut W. Schmidt, Freiburg
Fotos im Innenteil: Jürgen Junker-Rösch, Berlin

6. Auflage

Notensatz: Nikolaus Veeser, Freiburg
Herstellung: Freiburger Graphische Betriebe 2000
ISBN 3-451-26879-5

Inhalt

Unter den obigen Kapitelüberschriften finden Sie auf den angegebenen Seiten viele Texte und Gestaltungsvorschläge in der Reihenfolge des Buches.

Das nachfolgende Inhaltsverzeichnis will Ihnen durch die Ordnung nach Stichworten die Suche nach bestimmten Texten und Gestaltungsvorschlägen erleichtern.

BASTELVORSCHLÄGE
(Herstellen verschiedener Dinge)

BEWEGUNGSSPIELE

BILDHAFTES GESTALTEN

BIBLISCHE GESCHICHTE

ERZÄHLUNGEN - GESCHICHTEN

FESTE – FESTBRÄUCHE

FINGERSPIELE

GEBETE – DANKLIEDER

GEBURTSTAG

GEDICHTE

KARTOFFELGESCHICHTE

KINDERÄNGSTE

KLANGGESCHICHTEN

KREISSPIEL

LIEDER
siehe Singspiel, siehe Spiellieder

MÄRCHEN

NATURBEOBACHTUNG

RÄTSEL

REIME – WORTERGÄNZUNGEN

REZEPTE

SINGSPIEL

SPIELE

SPIELLIEDER

Vorwort: Die Herbstzeit ist da

Ich sing' das Lied des Herbstes
vom Buchenblätterrot,
das flammend aus den Zweigen,
aus Busch und Wäldern loht.

Ich spür' die zarten Fäden,
gewebt aus Tau und Licht.
Die letzten Sonnenstrahlen
berühren mein Gesicht.

Ich fühle Werden, Wachsen,
das Scheiden, das Vergehn.
Ich möcht' nach dunklen Tagen
auch Knospen blühen sehn.

Der Herbst ist da – froh begrüßt von unseren Kindern. Langersehnte Freuden werden wahr: Sie können die knisternden bunten Herbstblätter, Eicheln und Kastanien sammeln, es duftet auf den Wochenmärkten und in Mutters Küche nach frischen Äpfeln, Birnen und Pflaumen; der kühle Herbstwind treibt die Drachen empor; sie basteln Hagebuttenmännchen und Kastanientiere und ziehen an den frühen Abenden mit leuchtenden Laternen durch die Straßen.
Jetzt drängen die Kinder nicht mehr wie an den warmen Sommertagen von früh bis spät nach draußen, in die Sandkiste, auf die Wiese, auf den Fußballplatz. Sie entwickeln allmählich wieder „Sitzfleisch", um eine Zeitlang hingegeben in der Spielecke zu spielen, zu basteln, Geschichten zu hören.

Ich habe versucht, in diesem Buch die ganze Palette, die diese schöne Jahreszeit uns bietet, zu beschreiben und für Kinder und Erzieher umzusetzen. Da sind zunächst die Kapitel, die die Naturerscheinungen im Herbst aufgreifen: Blätterfall, frischer Herbstwind, Reifen der Früchte, Vogelzug u.a. – In Spielen, Liedern, Erzählungen und Bastelarbeiten gebe ich eine Vielfalt von leicht umsetzbaren Mitmachideen.
Auch für die Einführung der Neuen in der Gruppe, für den Beginn von Kindergarten und den Übergang zur Schule biete ich viele Gestaltungsideen an.
Dann kommt aber auch die andere Seite des Herbstes zu Wort, die uns zu nachdenklicher Besinnung, zur Einkehr rufen kann: Dazu gehören die Feste im Oktober und November: das Erntedankfest, das fröhliche Martinsfest und die Feste Allerheiligen/Allerseelen und Totensonntag. Wie begegnet das Kind dem Leid, dem Tod? Diese Fragen werden in der Öffentlichkeit weitgehend tabuisiert. Ich habe versucht, weiterführende Anregungen zu geben. Für Elterngespräche und für Beratungen auf Elternabenden habe ich das Thema Schlafprobleme der Kinder aufgegriffen.
Im Sommer tobten unsere Kinder am liebsten den ganzen Tag über draußen herum. Der kühle Herbst treibt sie ins Haus zurück, und auch uns Erwachsenen kann sich der Weg in die „Innenräume" unseres Wesens öffnen.
Vielleicht ist es gut, daß es Zeiten gibt, in denen wir nicht ungehemmt und pausenlos unsere Kräfte beweisen müssen,

sondern in die Begrenztheit unseres eigenen Hauses, unseres eigenen Lebensplanes zurückgeworfen werden. So kommen wir zum Nachdenken, zur Besinnung über uns selbst, über die Belastungen, denen wir täglich im Umgang mit den uns anvertrauten Kindern ausgesetzt sind, die uns so leicht erschöpft machen und uns oft frustrieren. Da spüren wir vielleicht, daß wir uns selbst überfordern, uns selbst „ausplündern".
„Wer sich selbst ausplündert, kann auf Dauer keine gute Arbeit leisten. Wer mit sich selbst nicht gut umgeht, dem kann auch der Umgang mit anderen schwerlich gelingen – er bleibt allein, findet keine Mitarbeiter.
Wer diesem Geschick entgehen möchte, muß sich – zum Segen seiner Mitmenschen – an Rabbi Hillel halten, der gesagt hat:

> Wenn ich nicht für mich bin –
> wer soll dann für mich sein?
> Und wenn ich allein bin –
> was bin ich?
> Und wenn nicht jetzt –
> wann dann?"

Aus: Ursula Maymann/Rolf Zerfaß, „Kranke Kinder begleiten", Verlag Herder, 1981.

Liebe deinen Nächsten wie dich selbst – dieses Prinzip der Nächstenliebe sollten wir uns oft vor Augen halten. Wenn ich mich selbst Tag für Tag zu sehr verausgabe, wenn ich mich selbst immer wieder unter Zeitdruck stelle, kann ich dann meinen mir anvertrauten Kindern wirklich immer wieder Kraft und Liebe und Zeit schenken? Dieter Strecker schreibt:

- *Falsch* ist es, zu glauben, Zeit müßte nützlich verbraucht werden. Erlauben Sie sich die Freiheit, eine Arbeit, die für sechs Stunden veranschlagt war und die Sie in vier Stunden bewältigt haben, als erledigt zu betrachten. Die restlichen zwei Stunden gehören Ihnen.

- *Falsch* ist es, zu denken, daß keine Minute des Tages mit „Nichtstun" vertan werden darf. Haben Sie also keine Angst vor der Leere. Nutzen Sie diese Zeiten zur Auseinandersetzung mit sich selbst: Setzen Sie sich mit Ihren Problemen auseinander, sprechen Sie über Ihre Sehnsüchte, hören Sie auf das, was Ihr Partner (leise) sagt.

- *Falsch* ist es, immer *Ja* zu sagen, weil Sie niemanden vor den Kopf stoßen wollen. Anerkennung und Lob erhalten Sie selten dadurch, daß Sie für andere jede unangenehme Arbeit übernehmen.

Aus: Dieter Strecker, „Leben und geliebt werden", Praxisbuch Kindergarten, Verlag Herder 1990.

Wenn ich lerne, auch einmal „Nein" zu sagen, Arbeit zu delegieren, zum Beispiel an Eltern in der Gruppe, die bereit sind, Aufgaben zu übernehmen, wenn ich auch für mich und meine Bedürfnisse Freiraum und Zeit zulasse, dann kann ich mir allmählich eine innere Gelassenheit und ein Gleichgewicht schaffen, aus dem heraus ich fruchtbarer, dankbarer und sinnvoller leben kann. – So kann durch den Nebel des belastenden Alltags, der uns oft mutlos und erschöpft macht, ein helles Licht brechen, das neue Kräfte und einen neuen Anfang verspricht.

Herbstgedanken – haben Sie einmal den Herbstgesang der Vögel gehört? Das ist kein jubelndes, forderndes Locken, kein Trillern wie in den Frühlingstagen, wenn die Suche nach dem Partner und die Verteidigung des Nestreviers die Auslöser der vielstimmigen Vogelrufe sind. Nein, der Herbstgesang ist sozusagen funktionsfrei, nicht zweckgebunden. Versteckt im sich färbenden Laub, ganz auf sich selbst bezogen, kann man ein leises Piepen, Plaudern, fast spielerisch, hören. So stellen sich Amseln, Meisen, Blaukehlchen und Grasmücke leise und doch sehr vernehmlich vor: die Jungvögel erproben ihre Kehle, die Altvögel melden sich nach der Mauser; frei improvisiert ertönt eine schöne Vielfalt der Töne – nicht um Gefährten anzulocken oder zu vertreiben, einfach nur für sich selbst.
Dieser Vogelgesang in den Herbsttagen unter den schrägen Strahlen der Septembersonne sollte uns aufhorchen lassen: Hier freut sich eine Kreatur einfach am Dasein – weit entfernt von den „Aufgaben" des Vogellebens: der Paarung, des Nestbaus, der Aufzucht der Jungen.

Herbstzeit – Zeit der Freude an allem, was uns umgibt und geschenkt ist. Was die Vögel mit ihrem unnachahmlichen Herbstlied vollbringen, können die Menschen in Bild und Wort ausdrücken. Denken wir an die glühenden Sonnenblumen eines van Gogh oder Noldes oder an Dichterworte: „Das ist ein Leuchten, oh – das ist ein Leuchten..." (Weinheber).
„Heute kam ich mir alt und traurig vor. Dann ging ich zu Gina in den Garten. Sie schenkte mir eine grelle, reife Tomate... und einen noch grünen, gesunden Frühlingsapfel... Ich trug die Schätze nach Hause. Sie anschauend, wurde ich plötzlich ungemein getröstet... In diesen Dingen sprach etwas zu mir. Die ewige Liebe sprach zu mir."

Aus: Luise Rinser, „Grenzübergänge", S. Fischer-Verlag, S. 51/52.

Zum Schluß möchte ich noch eigene Herbstgedanken anfügen:

Herbstabend

Nun spinnen sich die Weiden
im frühen Nebel ein.
Schwarz starren morsche Pfähle
am feuchten Ackerrain.

Am Himmel dunkle Züge
der Vögel übers Meer.
Es tönt das heisre Schreien
aus Fernen zu mir her.

Das Rot der Hagebutten
glüht in der Dämmerung aus.
Gib mir die Hand, die kalte,
und komm mit mir nach Haus.

Die kleinen Dinge in Gottes großer Welt

Nach dem roten Blatt
hab' ich mich gebückt.
Danke, liebe Buche, dir,
hast du's mir geschickt?

Eine braune Eichel
rollt vor meinen Fuß.
Danke, liebe Eiche, du,
kommt von dir der Gruß?

Schreie hoch am Himmel,
lang der Vogelzug
durch die weite Blaue.
Wohin geht der Flug?

Wunder über Wunder
füllen unsre Welt.
Gottes Kraft und Güte
alles formt und hält.

Hoffnung im Herbst

Abgeholzt die Bäume.
Dunkles Laub auf den Wegen.
Früh fällt die Finsternis ein.
Das Jahr neigt sich.
Aber unser Weg ist nicht zu Ende.
Er führt weiter – in die Helle des neuen Jahres hinein.
Und tröstlich können wir
durch die kahlen Äste
den Himmel sehen.
Näher ist er uns
als vor dem dichten Laub
sommerlicher Tage.
Herr, führe uns auf unsern winterlichen Wegen
und laß uns in deinem Schutz geborgen sein.

Im Herbst – als Kinderreim

Kastanienblätter kräuseln sich zusammen
und werden klein wie ein zu kurz gewordenes
Kinderkleid,
und wo Kastanien loderten wie Flammen,
da krächzt der Rabe: Kra – 's wird Winterzeit!

Nur zögernd wird der Nebel heute weichen,
der Blatt und Äste grau und schwer umschließt.
Wird zaghaft uns wohl noch ein Strahl erreichen,
der seine Wärme golden auf uns gießt?

Nun krächz doch nicht so laut, du schwarzer Rabe,
die Kälte kriecht dir unters Federkleid.
Ach, halt den Schnabel, bist ein alter Knabe,
flieg weiter, laß die Jammerklage,
es kommen wieder wärmre Tage.
Die Knospenwiege schwankt schon lange sacht,
bald sprießt und treibt es hoch mit Macht!
Dann ist am Baum das neue Grün erwacht!

Kapitel 1: Wir freuen uns auf den bunten Herbst

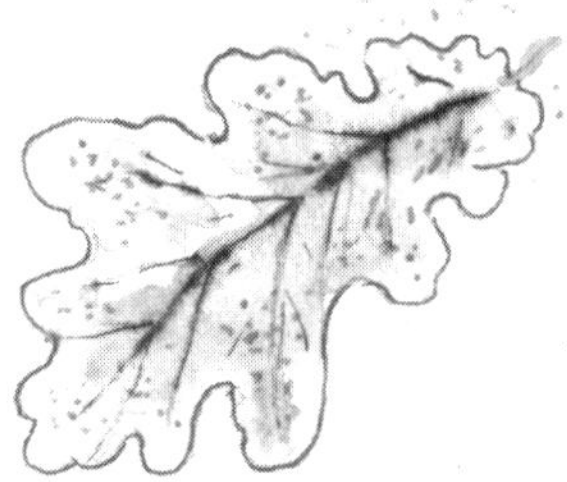

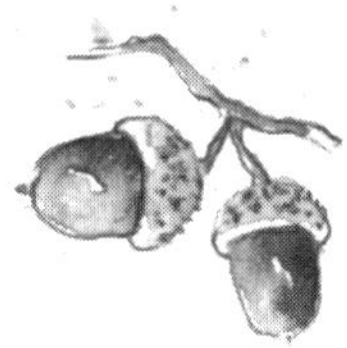

Vorbemerkung: Der bunte Herbst mit seinem reichen Angebot an Äpfeln, Birnen, Blättern, Kastanien, Eicheln und Nüssen lädt uns geradezu ein, kleine Feste in der Kindergruppe zu feiern: Blätterfeste, Apfelfeste, Kastanienfeste, Nußfeste, Kartoffelfeste und an den dunklen Abenden natürlich Laternenfeste, in Norddeutschland im September und in Süddeutschland im November, wenn die Martinsumzüge beginnen.
Ich gebe in diesem Kapitel vielfältige Anregungen zum Singen, Spielen, Raten und Reimen und zur festlichen Raumgestaltung bei Kinderfesten im Herbst.

Wir laufen in die gold'ne Welt, kommt mit!

Reife Birnen an den Bäumen,
bunte Blüten hinter Zäunen.
Gelb die Stoppeln auf den Feldern
und die Blätter in den Wäldern.

Ich will euch die Drachen zeigen,
wie sie über Äcker steigen.
Trauben reifen an den Hängen,
Feuer auf den Feldern glüht.

Und wenn dann die Stürme toben,
wolln wir Wind und Wetter loben.
Kommt hinaus aufs Stoppelfeld!
Schön ist unsre bunte Welt!

Reimrätsel

Wenn die Hamster Körner in die Backen stopfen,
die Kastanien auf die Erde klopfen,
wenn die kühlen Winde wehn,
Drachen hoch in Lüften stehn,
wenn die Schwalben auf den Drähten sitzen
und wir nicht mehr in der Sonne schwitzen,
Äpfel, Birnen reifen an den Zweigen,
Sonnenblumen ihre goldnen Körbe zeigen,
wenn Kartoffelfeuer lodern auf den Feldern,
und das Jagdhorn tönt in bunten Wäldern,
wenn das Laub sich färbt an Bäumen weit und breit,
sag – was ist das wohl für eine Jahreszeit? (Herbst)

Wir schmücken den Raum

Festdecke mit Herbstfrüchten

Ihr kauft einfachen Nesselstoff aus dem Kaufhaus. Daraus schneidet ihr Tischläufer oder eine runde oder viereckige Decke zurecht.
Ihr schneidet einen unreifen Apfel oder eine Birne durch, die der Wind vom Baum geschüttelt hat.
Mit Stoffarbe bestreicht ihr die Schnittfläche. Für den Apfel nehmt ihr am besten ein kräftiges Gelb.
Nun könnt ihr schöne Früchtemuster drucken. Die Blätter und Stengel werden dazugemalt oder mit Kartoffelstempeln gedruckt.
Mit Plakafarbe könnt ihr auf diese Weise auch Briefkarten, Tischkarten und Servietten bedrucken.

Raumschmuck

Das Zimmer könnt ihr mit leuchtenden Sonnenblumen oder bunten Herbstastern schmücken.
Ihr schneidet aus Tonpapier Kreise zurecht oder benutzt alte Bierdeckel. Aus Krepp- oder Seidenpapier knüllt ihr viele kleine Papierkügelchen und klebt sie dicht an dicht auf.
Schöne Muster können dabei entstehen.
Aus grünem Tonpapier klebt ihr ringsherum die Kelchblätter. Die Blüten sind ein hübscher Tischschmuck. Wenn ihr sie von beiden Seiten beklebt, könnt ihr sie frei im Raum hängen lassen.

Herbstbaum

Einen großen Baum aus Tapetenresten könnt ihr vorsichtig mit Tesakrepp an eine Tür kleben. Er wird mit schön gedruckten Früchten geschmückt. Die Namen eurer Freunde könnt ihr an die Früchte schreiben. Sie werden mit Tesaband am Baum befestigt.
Das gibt originelle Tischkarten oder Platzkarten für die „Kuchenbar“ bei einem Fest im Herbst.

Für einen Herbstbaum im Zimmer gibt es noch andere Gestaltungsmöglichkeiten:
Wir brauchen: Ein großes langes Stück Kartonpapier oder ein langgestrecktes Stück weißes Papier, braune Fingerfarbe, gepreßte bunte Herbstblätter, angerührten Kleister, verschiedene Herbstfarben (Tuschkasten oder Plakafarbe) in braun, gelb, rot, grün.

Zunächst tönen wir das Papier, indem wir mit einem Schwamm hellbraune und gelbe Farbtöne auftragen. Wir können auch einen blauen Herbsthimmel als Hintergrund wählen. Dann malen wir mit Fingerfarben einen dicken Stamm auf und davon ausgehend einige dünnere Äste. Nun bestreichen wir die getrockneten Herbstblätter mit Kleister und kleben sie vorsichtig fest. Wir können die Blätter auch im Blätterdruck herstellen. Dazu mischen wir gelbe, braune, rote und grüne Farbe, malen die Blätter an, legen sie vorsichtig auf den Plakatkarton und drücken sie mit einem Lappen fest.
Wenn wir die Blätter nebeneinander und übereinander drücken, gibt es ein schönes dichtes Blätterwerk.
Zum Schluß können wir eventuell noch Zweige hineinmalen.

Schmackhafte Herbst-Rezepte

Apfelcreme „Septembertraum“

Wir brauchen: 1 kg Äpfel, 4 Eßl. Honig, 6 Eßl. Quark, 3 Eiweiß, 2 Eßl. brauner Zucker, etwas Vanille.
Schäle und entkerne die Äpfel und schneide sie in kleine Stücke. Laß sie 15 Minuten kochen. Streiche dann die Äpfel durch ein Sieb und rühre den Quark unter. Schlage das Eiweiß steif und gibt den Zucker und die Vanille zu. Hebe es vorsichtig unter die Apfelmasse. Nun füllst du die Creme in Schälchen und verzierst sie mit Mandelblättern oder gehackten Walnüssen.

Duftender Apfeltee

Schäle ungespritzte Äpfel ab und ziehe einen Faden durch die Schalen. Hänge die Schalen auf und lasse sie trocknen. Bewahre sie in einer gut schließenden Dose auf. Für den duftenden Apfeltee nimmst du einen Eßlöffel Apfelschale auf eine Tasse Wasser. Du kannst auch etwa Vanilleschote dazutun. Laß die Schalen etwa sechs Minuten lang kochen. Mit etwas Honig schmeckt der Tee besonders gut.

Kartoffelspeise „Bunter Herbst“

Nimm für jeden Gast 2 bis 3 schöne große Kartoffeln. Wasche sie besonders gründlich, am besten mit einer Bürste. Sie sollen mit der Schale gegessen werden. Dann fettest du das Backblech mit Öl ein. Schneide die Kartoffeln in der Längsrichtung durch.
Fülle jetzt einen Teller mit Sesamkörnern, einen anderen mit Kümmel.
Nun tauchst du die Kartoffeln mit der Schnittfläche teils in die Sesamkörner, teils in den Kümmel. Lege die Kartoffeln mit der Schnittfläche nach oben auf das Backblech.
Gib auf jede Kartoffel ein Butterflöckchen und etwas Salz.
Die Kartoffeln müssen ungefähr 30 bis 40 Minuten backen. Dazu kannst du verschiedene „Dips“ zum Einstippen bereiten.
Rühre Quark oder Frischkäse mit saurer Sahne cremig. Mit Tomatenmark, Salz und Pfeffer zauberst du einen roten Dip. Mit gehackten Zwiebeln und einem Gläschen Mixed Pickles bereitest du einen bunten Dip.
Mit Curry, etwas Worcestersauce, Pfeffer und Salz kannst du einen orientalischen gelben Dip anrühren.

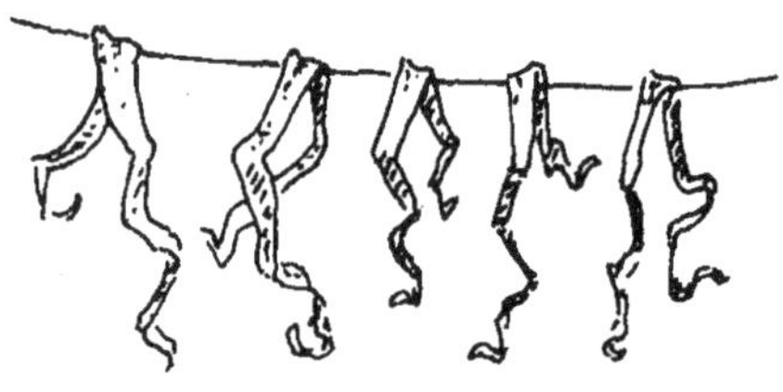

Wir spielen miteinander

Malspiel für mehrere Kinder

Jeder Spieler malt sich einen Baum mit vielen Ästen und 12 Früchten (Äpfel, Birnen oder Pflaumen) auf. In die Früchte schreibt ihr die Ziffern 1 bis 6; dabei taucht jede Ziffer zweimal auf. Nun wird gewürfelt. Ihr malt immer diejenige Frucht an, deren Zahl ihr gewürfelt habt.
Wer hat seinen Baum wohl zuerst fertig?
Der Sieger bekommt eine kleine Tüte mit Gummibärchen aus Apfelsirup, die er mit den Mitspielern teilen kann.

Lustiges Apfelspiel

Füllt eine Plastikschüssel mit Wasser und laßt mehre kleine Äpfel (mit Stiel) darin schwimmen. Nun müßt ihr der Reihe nach versuchen, mit dem Mund einen Apfel „herauszufischen“.
Die andern können dabei rufen:

„Apfel, Apfel, kugelrund,
schnell pack' ich dich mit dem Mund.“

Wenn ihr das zwei- oder dreimal gerufen habt und der Spieler den Apfel noch nicht erwischt hat, ist der nächste dran. Kleine Falläpfel eignen sich gut dazu.
Am Schluß könnt ihr ja gemeinsam ein schönes süßes Apfelmus kochen oder Bratäpfel backen!

Kastanienfußball

Aus Pappe oder Zweigen werden zwei kleine Tore im Abstand von etwa 75 cm bis 1 m errichtet.
Zwei Spieler hocken sich gegenüber und versuchen, mit dem Zeigefinger den „Ball“ in das gegnerische Tor zu schnipsen.
Wer wird Torschützenkönig?
Wer ist der beste Tormann?
Wenn ihr beiden je einen Preis aussetzt, wird das Ganze noch spannender.

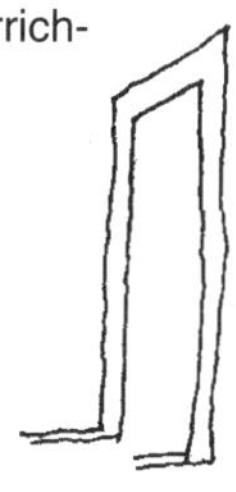

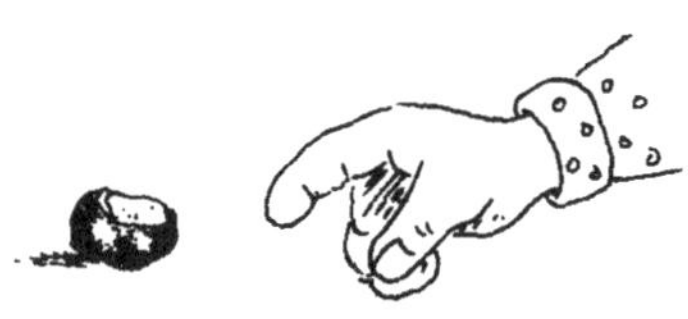

Drachenlied

Text: Barbara Cratzius
Musik: Ludger Edelkötter

Drachen, Drachen, bunter Drachen,
willst du lauter Unsinn machen?
Zerrst und zappelst an den Schnüren,
wart – ich will dich nicht verlieren.
Noch halt' ich dich fest,
noch halt' ich dich fest.

Drachen, Drachen, bunter Drachen,
seht, der rote Mund kann lachen.
Hei – das ist ein feines Leben,
über Dächer fortzuschweben.
Doch ich halt' dich fest,
doch ich halt' dich fest.

Drachen, Drachen, bunter Drachen,
nein – was machst du nur für Sachen!
Läßt vom Wind dich schütteln, treiben,
willst du an der Leine bleiben!
Noch halt' ich dich fest,
noch halt' ich dich fest.

Drachen, Drachen, bunter Drachen,
nein, das find' ich nicht zum Lachen.
Jetzt packt dich der Wind am Schwanze,
aus ist's mit dem Drachentanze.
Nun reißt du dich los,
nun reißt du dich los.

Ach, ich muß alleine bleiben.
Drachen, wohin wirst du treiben?
Siehst du Störche, Meer und Schiffe,
Möwen, Kraniche und Fische,
grüße sie von mir,
grüße sie von mir!

Wir basteln viele kleine bunte Papierdrachen und lassen sie lustig an einer Schnur quer durch den Raum flattern.
Das Drachenmotiv eignet sich auch sehr gut für Kratzbilder mit Wachsstiften. Das Zeichenpapier wird großflächig bunt angemalt, mit schwarzer Farbe angestrichen, und die Drachenformen mit den lustigen Gesichtern werden mit spitzer Feder ausgekratzt.

Malgeschichte vom Drachen

Eine Sonne mal' ich mir
groß und gelb auf das Papier.
Und ich mal' mir einen Drachen,
guck, sein Mund kann lustig lachen.
Mit dem langen bunten Schwanz
tanzt er froh den Drachentanz,
segelt über Häuser, Felder,
über Wiesen, Hecken, Wälder,
treibt schon weithin übers Meer,
Wellen mal' ich hin und her.
Wag dich nicht zu weit hinaus!
Ich zieh' dich am Band nach Haus!

Die Sonne kann mit dem Finger „gedruckt“ werden (Fingerfarben benutzen!).

Wanderung im Herbst

Wir brauchen: Einen Würfel, für jedes Kind einen Spielstein und vier verschiedene Spielkarten. Dafür werden die vier Herbstbilder (im Spielplan: Storch, Drachen, Kastanien und Laterne) kopiert, vergrößert, bunt ausgemalt und auf Pappe geklebt.

Dann kann die Wanderung losgehen. Wer mit einem Wurf genau auf ein bemaltes Herbstbild stößt, darf seine Karte ablegen. Aber es lauern auch noch Wind und Regen auf die Wanderer. Wer auf ein Windfeld trifft, wird vorwärtsgeblasen und darf sieben Felder weiterrücken. Wer aber auf ein Regenfeld stößt, muß einen Unterschlupf suchen und zweimal mit Würfeln aussetzen. Sieger ist, wer zuerst mit glattem Wurf ins Ziel gelangt ist und die meisten Karten abgelegt hat.

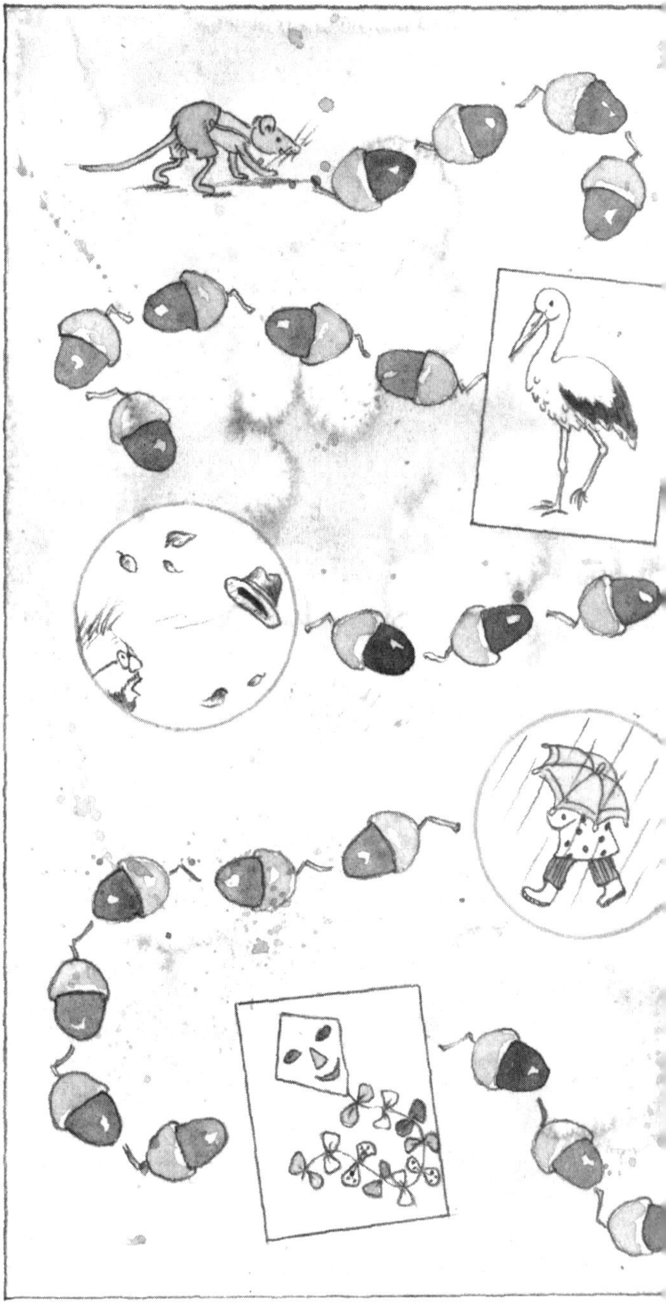

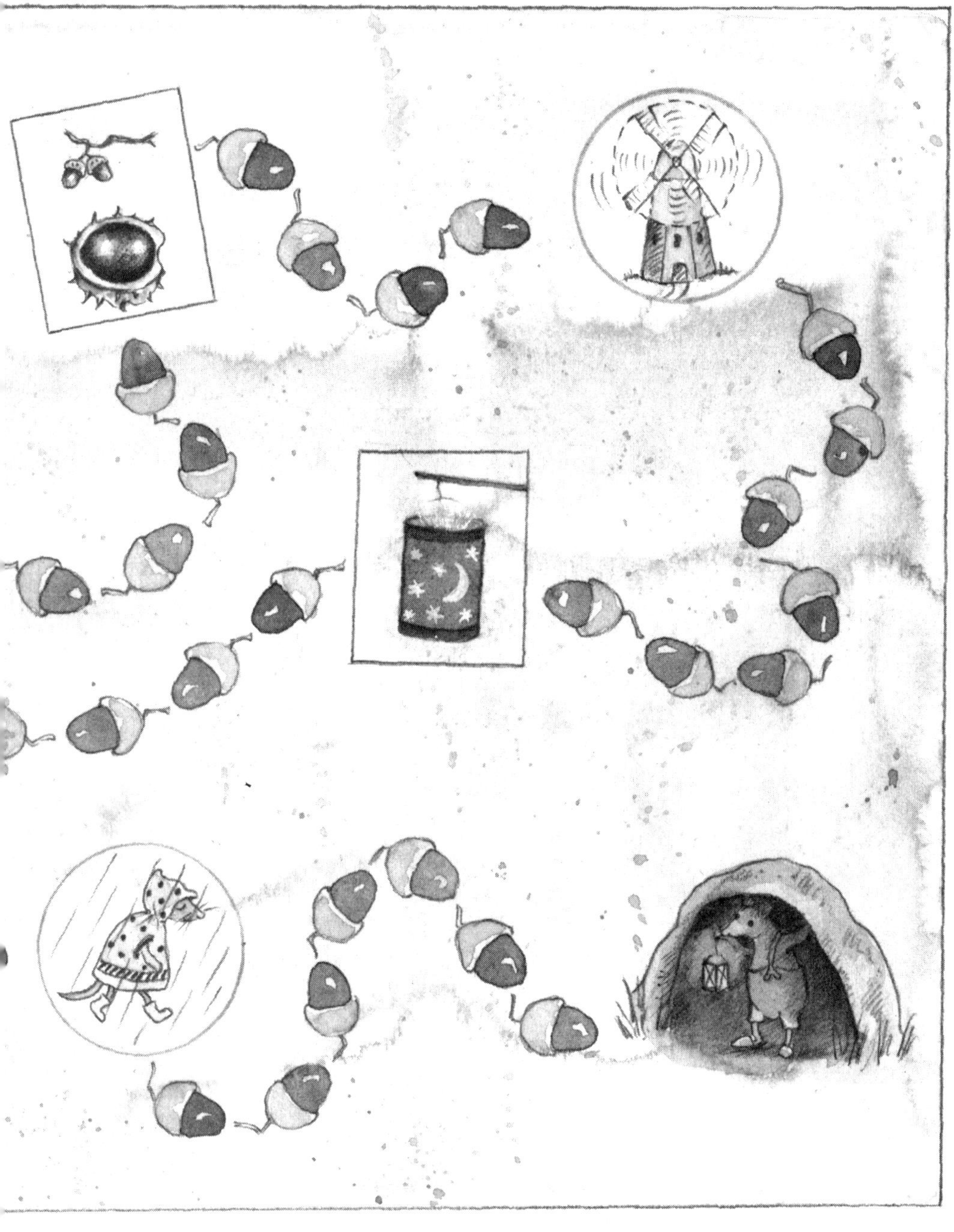

Das Pfützenspiellied: Trippel tropf

Text: Barbara Cratzius
Musik: Ludger Edelkötter

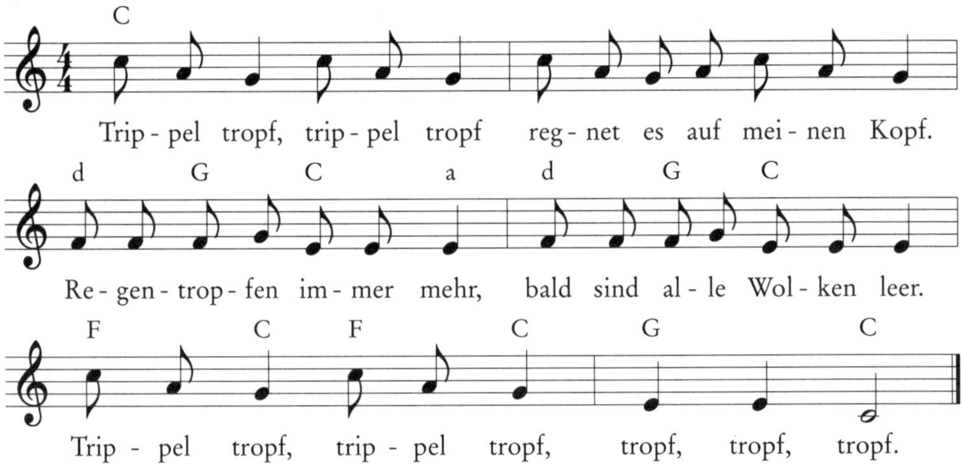

Trippel tropf, trippel tropf
regnet es auf meinen Kopf.
Pfützen find' ich richtig toll,
bald sind alle Straßen voll!
Trippel tropf, trippel tropf,
Tropf, tropf, tropf.

Trippel tropf, trippel tropf
regnet es auf meinen Kopf.
Und wir laufen, plitsche-plum,
immer um die Pfützen rum.
Plim, plom, plum, plim, plom, plum,
plum, plum, plum.

Trippel tropf, trippel tropf
regnet es auf meinen Kopf.
In die Pfützen, in den Matsch,
plitsche, platsche, pitsche-patsch.
Pitsch, patsch, patsch, plitsch, platsch,
platsch,
platsch, platsch, platsch.

Trippel tropf, trippel trauf.
Nun hört es zu regnen auf.
Kommt die liebe Sonne raus,
lockt uns alle aus dem Haus!
Kommt, hinaus! Kommt, hinaus!
Kommt, hinaus!

Bei diesem Spiellied können die Kinder mit den Fingern die Regentropfen über dem Kopf tanzen lassen. Dazu kann das Platschen der Tropfen mit dem Xylophon oder den Holzstäben (ausprobieren) nachgeahmt werden. Dann breiten einige Kinder Zeitungspapier aus, das sind die Pfützen.
Zunächst laufen die Kinder mit Begleitung der Orff-Instrumente um die „Pfützen“ herum, bis sie kreischend hineinspringen.
Am Schluß steht ein Kind als Sonne an der Tür und läßt mit einem Triangel (Glockenspiel) die Sonnenstrahlen erklingen. Ein anderes Kind kann mit den Händen auch einen großen Sonnenkreis beschreiben.
Alle Kinder laufen auf den Spielplatz hinaus.

Regenspiel

Drippel, droppel, drap,
ein jeder kriegt was ab.
Regen fällt dir auf dein Köpfchen,
hier ein Tröpfchen, dort ein Tröpfchen,
fällt auf deinen Finger,
diese kleinen Dinger,
fällt auf deinen kleinen Arm,
ist ganz zart und weich und warm,
fällt auf deinen kleinen Rücken,
und jetzt mußt du dich tief bücken,
kitzelt leise auch
deinen kleinen Bauch,
drippelt auf die Schuh zum Schluß,
und nun kriegst du einen Kuß.

(Textgemäß werden mit dem Kind
alle Bewegungen ausgeführt.)

Wie die Spinne den Wind aufgeweckt hat

Frei erzählt nach einem Märchen aus Estland

Menschen und viele Pflanzen und Tiere schlafen in der Nacht. Die Fledermäuse, die Eulen und Vögel schlafen am Tag. Weißt du auch, wer immer wach ist und niemals schläft? Das ist der Wind. Der bläst und heult und stürmt um die Bäume, der rüttelt an den Dachziegeln, der bläht die Segel der Schiffe. Er wirbelt Staub auf und peitscht die Wellen hoch. Unermüdlich ist der Wind bei der Arbeit.
Eines Tages aber war es ganz still auf der Welt. Kein Blatt bewegte sich, keine Welle kräuselte das Wasser. Pflanzen und Tiere und Menschen erschraken.

Oh, wer hilft uns, wenn wir klagen,
wer wird Blütenstaub uns tragen?
Wer wird Mühlenflügel drehen,
wer die Regenwolken wehen?
Wer wird Düfte zu uns tragen?
Oh, wir müssen ganz verzagen!

So klagten alle Lebewesen auf der Erde. Der große Tier- und Pflanzenrat beschloß, auf die Suche nach dem Wind zu gehen. Die Tiere durchstöberten alle Winkel und Ecken der Erde, krochen in die tiefsten Schluchten, aber sie fanden den Wind nicht.
Auch die kleine Spinne machte sich auf den Weg. Sie ging in eine andere Richtung als die anderen Tiere, kam ans Meer und stürzte sich mutig hinein. Sie schwamm mit ihren kleinen Beinchen, bis sie an einen hohen Felsen kam. Der ragte steil aus dem Meer auf.
Als sie einmal um ihn herumgeschwommen war, entdeckte sie oben auf der Felsspitze den Wind. Er hatte den Kopf auf die Arme gelegt und schlief fest.
Die Spinne kroch hinauf auf den Felsen und spann ein großes Netz um den Kopf des Windes herum. Sie setzte sich in die Mitte und kitzelte den Wind mit ihren Beinchen unter der Nase. Da erwachte der Wind. Er rieb sich die Augen und sah das silberne Netz mit der Spinne ganz nahe vor sich.

„Meine Nase laß in Ruh,
winzig kleine Spinne du!
Wehe, wagst du, mich zu beißen,
ich werd' gleich dein Netz zerreißen!"

brauste er wütend auf.
„Ach bitte, tu mir nichts zuleide", bat die Spinne. „Ich wollte dich doch bloß wecken! Pflanzen und Tiere brauchen dich! Ich schwimme auch gleich wieder aufs Meer hinaus und werde dir nicht wieder Ärger bereiten!"
Der Wind hatte Mitleid mit der Spinne und heulte:

„Gut – doch sag' ich – wehe, wehe!
Komm du nicht in meine Nähe!
Laß dich nicht mehr bei mir sehen,
sonst wird es dir schlecht ergehen!"

Dann ließ sich der Wind ins Meer gleiten. Sogleich wirbelten hohe Wellen auf.

Die Möwen trieben auf und nieder von seinem gewaltigen Brausen.

Die Spinne wartete, bis das Meer ruhiger geworden war. Dann machte sie sich auf den Heimweg.

Als sie fast das Land erreicht hatte, hörte sie eine Fliege überm Wasser summen:

„Hast du den Wind denn wohl entdeckt?
Mir schien, du hast ihn aufgeweckt!
Der Wind, der Wind ist wieder da!
Welch großes Wunder da geschah!"

„Ach", sagte die Spinne bescheiden, „ich bin nur hinaus aufs Meer geschwommen. Weit draußen hinter einem Felsen hat der Wind geschlafen."

Da hatte die Fliege genug erfahren. So schnell sie konnte, flog sie zur Versammlung der Tiere zurück. Schon von weitem rief sie ihnen zu:

„Na – spürt ihr schon des Windes
Wehen?
Ein wahres Wunder ist geschehen!
Hört her – ich hab' den Wind entdeckt,
weit draußen im Meer hab' ich ihn
aufgeweckt!"

Und sie schüttelte das salzige Wasser aus ihren Flügeln.

Die Tiere glaubten ihr. Sie spürten alle, daß der Wind zurückgekehrt war. Es rauschte in den Blättern der Bäume, die Kornähren und Gräser schwankten hin und her.

Der Sprecher des großen Pflanzen- und Tierrates sagte:

„Deine Tat sei nicht vergessen,
du darfst von allen Speisen essen!
Auch der König soll's erlauben
jeder Fliege, das darfst du mir glauben!"

Da flog die Fliege ganz zufrieden fort.

Gegen Abend kam die Spinne todmüde vor dem großen Rat an. Doch niemand glaubte ihr, daß sie den Wind geweckt habe. Da rief die Spinne zornig:

„Ewig Feind sind mir die Fliegen,
wartet nur, ich werd' euch kriegen!
Feste Netze werd' ich spinnen,
jeden Kampf mit euch gewinnen!
Zappelt wild nur hin und her,
ihr entkommt mir nimmermehr!"

So sind Spinnen und Fliegen Todfeinde geworden. Aber auch die arme Spinne hat es fortan nicht leicht gehabt. Es kostet sie viel Mühe, bis sie ein Netz fertiggewebt hat. Und wenn sie wirklich ein Netz gesponnen hat, dann kommt der Wind angebraust und heult:

„Ach, da bist du, kleiner Wicht,
fort mit dir, ich mag dich nicht!
So viel Fäden – ratsche-rei,
reiß' ich dir mit Macht entzwei!"

Und dann fährt der Wind – hui-hui – hinein, und die arme Spinne muß sehen, daß sie mit heiler Haut davonkommt.

Vom Herbstwind in den Bäumen

Text: Barbara Cratzius
Musik: Ludger Edelkötter

Rischel, raschel, Blatt für Blatt,
bis der Baum kein Laub mehr hat.
Bunte Blätter immer mehr
sausen, schweben hin und her.
Hui, so saust der Wind,
hui, so saust der Wind.

Bei den Tannen gib gut acht!
Wind, hast du daran gedacht?
Rühr die Nadeln bloß nicht an,
Wind, laß sie doch alle dran!
Hui, so saust der Wind,
hui, so saust der Wind.

Lieber grüner Tannenbaum,
heut nacht sah ich schon im Traum
Kugeln, Herzen, immer mehr,
drehn am Zweig sich hin und her.
Hui, so saust der Wind, (leise gehaucht)
hui, so saust der Wind.

Bei diesem Spiellied spielt ein Kind den Wind, einige Kinder stehen als Laubbäume rings im Raum verteilt. Weitere Kinder sind Tannenbäume und haben ein grünes Tuch um den Hals gebunden. Sie strecken die Arme aus. Der Wind fährt durch den „Herbstwald".
Wenn der Wind die „Äste" eines Baumkindes berührt, schüttelt das Kind die Arme und darf ebenfalls umherlaufen und seine „Blätter" tanzen lassen.
Nach einer Weile setzen sich die Laubbaum-Kinder, die Blätter schweben langsam zu Boden.
Nun stehen nur noch die „Tannenkinder". Der Wind darf sie nicht berühren. – Die „Laubbaum-Kinder" stehen leise auf und hängen pantomimisch Weihnachtsschmuck an die „Äste" der Tannen.
So klingt das anfangs sehr lebhafte Spiel leise und behutsam aus. Am Schluß können sich alle Baumkinder hinlegen und die Augen schließen. Die Erzieherin geht von Kind zu Kind und flüstert ihm die neue Rolle zu. „Du bist der Wind..." Dabei bindet sie den „Tannenkindern" ein grünes Tuch um.
So kann das Spiel mehrmals durchgespielt werden.
Bei einem Spielnachmittag können die Eltern mehrmals das Lied singen, während die Kinder im Spielkreis das Bewegungsspiel durchspielen. Für unruhige, nervöse Kinder ist dieser Wechsel von Bewegung und Ruhe ein gutes Mittel zur Entspannung.

Novemberrätsel

Zauberschleier, Zauberschleier,
bist du aus Seide gemacht?
Legst dich über Baum und Dächer,
wer hat dich erdacht? (Nebel)

Ich hab' ihn nicht gesehen,
doch raschelt er, raschelt im Grase,
er fächelt Düfte zu
der feuchten Hundenase.

Ich hab' ihn nicht gesehen,
doch fährt er durch die Wälder,
knackt Äste ab im Nu
und tanzt über Stoppelfelder.

Nun rate, Kind, geschwind, geschwind,
das ist der freche, flinke... (Wind)

Im Nebel kannst du zweimal mich
entdecken,
im Frost, da findest du mich nicht.
Du triffst mich im Fieber bei Husten
und Schnupfen,
auch in der Kerze –
doch nicht im Licht. (das E)

Kapitel 2: Bäume, Pflanzen und Tiere im Herbst

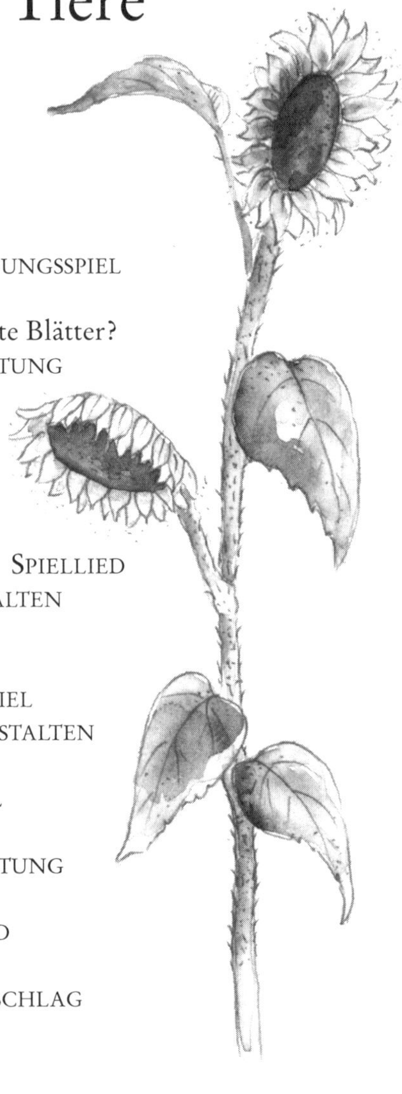

Der Herbst, das ist die schönste Zeit

Nach der Melodie:
„Ein Vogel wollte Hochzeit machen..."
Nach jedem Vers wird Fiderallala... gesungen.

Der Herbst, das ist die schönste Zeit,
der strickt der Welt ein buntes Kleid.

Die Blätter tuscht er farbig an,
mit rot und braun, so gut er's kann.

Die Äpfel malt er rot – so schau,
die Birnen gelb, die Pflaumen blau.

Die Sonnenblumen leuchten schön,
die könnt ihr hinterm Zaune sehn.

Der Kürbis lacht mit frechem Mund,
er ist ganz gelb und kugelrund.

Kastanien sind blank und braun,
die mag ich gar zu gern anschaun.

Die Tannen bleiben, wie sie sind,
auf euch freut sich schon jedes Kind.

Denn bald wird's Winter, kalte Zeit,
der strickt der Welt ein weißes Kleid.

Wir hol'n den Tannenbaum herein,
der glänzt im hellen Kerzenschein.

Dieses Herbstlied kann uns von September an bis in die letzten Novembertage begleiten, wenn für die Kinder schon die Vorfreude auf den Winter und die Adventszeit beginnt.
Mit den Händen können wir die verschiedenen Tätigkeiten, das Stricken, das Tuschen, Malen nachahmen, pantomimisch kann auch das Schleppen des Tannenbaumes dargestellt werden.

Keiner hat ihn kommen sehn

Keiner hat ihn kommen sehn,
keiner sieht ihn wieder gehn.
Doch er ist ein fleiß'ger Mann,
malt draußen viele Blätter an.
1-2-3-4-5-6-7,
keins ist übrig heut geblieben.
Gelb und rot in einer Nacht,
sag, wer hätt' das wohl gedacht! Herbst

Aus Cratzius: Allererste Kinderrätsel, Rowohlt-Verlag 1992

Warum bekommen die Bäume im Herbst bunte Blätter?

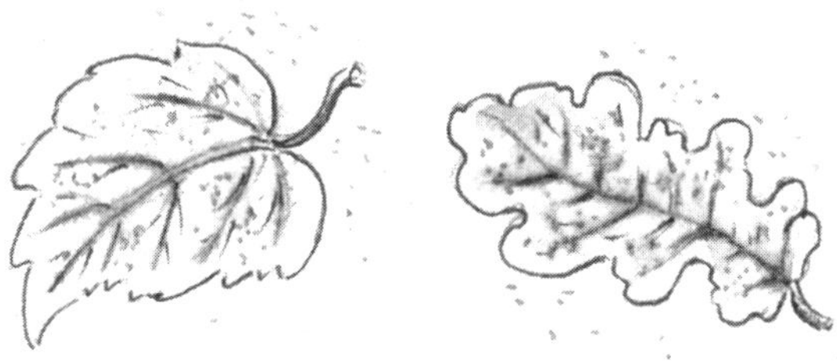

„Zieht eure Anoraks an und setzt die Mützen auf!" sagt Frau Schacherbauer zu den Kindern in ihrer Gruppe. „Wir wollen mit dem Bus in den Wald fahren und Laub für unsere Blätterbilder suchen. Und vielleicht finden wir noch Kastanien und Eicheln für kleine Tierfiguren!"

Als die Kinder raschelnd durch den Herbstwald stapfen, meint Michael: „Die Bäume sahen aber bei unserem Ausflug im Sommer ganz anders aus! Richtig schön grün waren sie da, und die Sträucher hatten dichtes Laub!" „Da konnten wir so gut Versteck spielen", erinnert sich Lukas. Die Herbstsonne scheint durch das bunte Laub der Eichen und Buchen. „Das sieht toll aus! Als ob die Bäume alle einen Tuschkasten haben", meint Kathrin.

„Wie kommt es, daß die Blätter immer nach unseren großen Ferien, im Herbst, so bunt werden?" fragt Angelika. „Jetzt im September saugen die Wurzeln nicht mehr so viel Wasser aus der Erde", erklärt Frau Schacherbauer. „Die Bäume müssen üben, mit wenig Wasser auszukommen, denn im Winter läßt der gefrorene Boden kein Wasser mehr durch. Am meisten Wasser brauchen die Blätter, darum werfen die Bäume sie im Herbst ab. Vorher holen sie aber noch die wichtigsten Nährstoffe aus den Blättern heraus; die können sie gut gebrauchen. Ein Nährstoff ist das grüne Chlo-

Hinweise: Die Bäume in den gemäßigten Zonen nutzen die kalten und dunklen Tage als Ruhepausen. Aus dem gefrorenen Boden können die Wurzeln keine Nahrung mehr aufnehmen. Daher entziehen die Bäume rechtzeitig ihren Blättern das wertvolle Chlorophyll und leiten es in die Wurzeln. Das ist der wichtigste Bestandteil der Blätter. Damit fangen die Pflanzen das Sonnenlicht ein. Das Licht brauchen die Pflanzen zum Wachsen und Leben; es ist ihre Energiequelle. So legen die Bäume in den Wurzeln einen Energievorrat für das nächste Frühjahr an, wenn die Knospen treiben. – Manche andere Farbstoffe, wie das gelbe Karotin oder die roten Anthocyane, die vom Chlorophyll überdeckt waren, werden jetzt sichtbar und erzeugen eine Fülle schöner Herbstfarben. – Die Laubbäume werfen ihre Blätter ab, weil sie im Winter zuviel Wasser verdunsten würden. Der Boden bekommt dadurch wichtige Nährstoffe. Der Baum ruht sich aber im Winter nicht völlig aus. Es bilden sich während der Winterruhe Knospen. Daraus entstehen im Frühjahr neue Blüten und Blätter.

In den Tropen kennt man nicht diesen Farbwechsel und den Laubfall der Bäume.

rophyll. – Nun werden andere Farbstoffe sichtbar, die durch den grünen Farbstoff verdeckt waren, gelbe und rote Farbstoffe."

„Ach so, darum können wir jetzt so schöne bunte Blätter sammeln", ruft Martin. – Olaf forscht weiter. „Tut das den Bäumen nicht weh, wenn die Blätter abfallen? Das ist doch eigentlich wie eine kleine Wunde!"

„Der Baum bildet allmählich eine feste Korkschicht zwischen Rinde und Blattstiel. Das ist dann im Winter eine gute Schutzschicht", erklärt Frau Schacherbauer. – „So, nun wollen wir aber viele Blätter sammeln! Schaut mal, da liegt ein ganzer Haufen!" Aber Olaf ist noch nicht zufrieden. „Ein Glück, daß die Tannenbäume nicht ihre Nadeln verlieren, sonst hätten wir zu Weihnachten gar keinen schönen Weihnachtsbaum mehr. Aber komisch ist es doch, daß die Tannennadeln nicht auch rot und gelb werden!"

Frau Schacherbauer nimmt einen abgebrochenen Tannenzweig in die Hand. „Befühlt mal vorsichtig die Tannennadeln", sagt sie. „Die sind glatt und hart", meint Michael. „Ganz anders als die weichen Blätter!"

„Ja, sie haben eine Wachsschicht, da kommt auch im Sommer kein Wasser hindurch. Darum braucht die Tanne im Herbst ihre Nadeln nicht abzuwerfen. Aber nun wollen wir Blätter sammeln!"

„Wir sammeln noch Zapfen für unsere Zapfenmännchen!" ruft Martin laut. „Und für die Zapfenindianer und den Palisadenzaun", sagt Michael lachend.

Kunst aus der Natur

Im Herbst kannst du dir schöne bunte Blätter suchen. Die Blätter des Ahorns, der Buche, der Eiche und Kastanie haben ganz verschiedene Formen, die du mit verschiedenen Techniken gut abbilden kannst.

Blätter-Rubbelbilder

Diese können wir aus trockenem Herbstlaub herstellen. Sucht euch besonders schön geformte Blätter, legt Briefpapier über das Blatt und reibt mit Wachskreide die Form des Blattes durch. Drückt an den Adern und den Rändern fest auf.

Blattdruckbilder

Reibt die Unterseite des Blattes mit brauner oder rotbrauner Schuhcreme ein. Dann legt ihr das Blatt mit der Farbseite nach unten auf ein Stück Zeichenpapier. Darüber breitet ihr ein Stück Löschpapier.
Nun drückt ihr mit dem Rücken der Schuhbürste oder mit einem Holzbrett fest auf das Papier. Wenn ihr es abhebt, habt ihr einen wunderschönen Blätterdruck.

Spritzbilder

Breite für das Spritzverfahren zunächst alte Zeitungen als Unterlage über den Tisch. Dann befestigst du ein gepreßtes Blatt mit Nadeln auf einem Stück Zeichenpapier. Mit einer alten Zahnbürste tunkst du in eine Schale mit Plakafarbe. Nun nimm ein Stück Holz und streiche über die Bürstenhaare. Dabei spritzt die Farbe rund um das Blatt auf das Papier. Wenn die Farbe trocken ist, entfernst du das Blatt. Der negative Abdruck bleibt auf dem Papier zurück.
Du kannst diese Technik auch für Schmuckkarten und Schmuckbriefpapier verwenden.

Bilder aus getrockneten Blättern

Aus bunten Herbstblättern, aus Farn, Halmen und den durchsichtigen Blättern der Silberlinge könnt ihr viele Blätterbilder gestalten. Manchmal deutet ein Blatt schon eine bestimmte Form an; ihr braucht dann nur das Blatt etwas zurechtzuschneiden oder ein ähnliches Blatt anzukleben, damit ihr ein Tier- oder Blumenbild gestalten könnt. – Verwendet den Klebstoff sehr sparsam und drückt die Blätter vorsichtig an, weil sie leicht brechen. So ergibt sich manchmal wie von selbst die Form einer Maus, eines Teddys, Fisches oder Vogels, einer Schildkröte, eines Blumenbeetes. Am besten schützt ihr euer Bild mit einer durchsichtigen Klebefolie.

Wenn ihr jeweils zwei gleiche Bilder klebt, könnt ihr auch ein Memoryspiel daraus gestalten.

Beim Trocknen der Blätter müßt ihr ganz vorsichtig sein. Deckt ein großes Blatt mit Löschpapier ab und breitet die Blätter darüber. Dann kommt wieder eine Schicht Löschpapier (oder auch Zeichenpapier), und die zweite Schicht Blätter wird darübergelegt usw. Der Stapel wird mit einem Brett oder einer Pappe abgedeckt und mit einer Reihe dicker Bücher beschwert. Nach etwa zwei Wochen sind die Blätter trocken. Sie behalten ihre leuchtende Farbe, wenn sie vollkommen trocken aufbewahrt werden, am besten in großen flachen Schachteln.

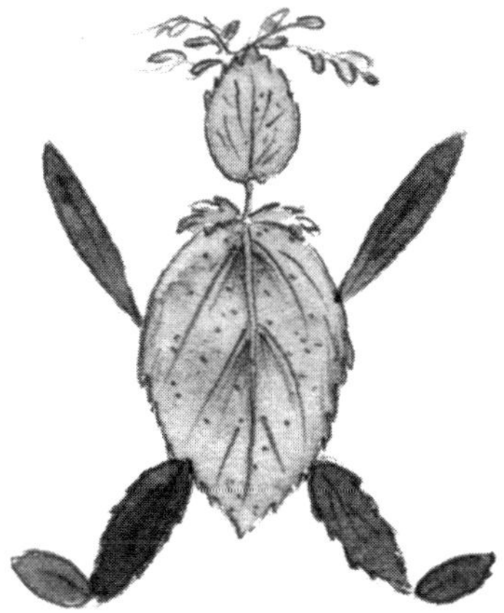

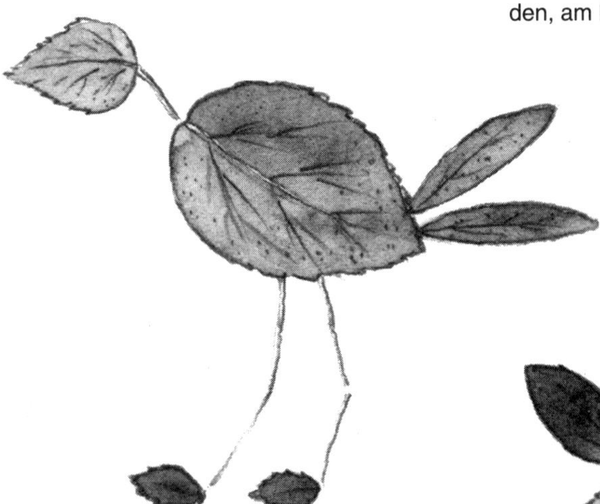

Vom bunten Herbst und den Herbstbäumen

Text: Barbara Cratzius
Musik: Ludger Edelkötter

Bunter Herbst, ich find' dich toll!
Ich stopf' meine Beutel voll.
Zwanzig Eicheln und noch mehr,
seht, der Baum ist längst nicht leer!
Bunter Herbst, ist mag dich sehr,
bunter Herbst, ich mag dich sehr!

Bunter Herbst, ich find' dich toll!
Alle Körbe stopf' ich voll.
Hagebutten, immer mehr,
und der Strauch ist längst nicht leer.
Bunter Herbst, ich mag dich sehr,
bunter Herbst, ich mag dich sehr!

Bunter Herbst, ich find' dich toll!
Alle Schüsseln füll' ich voll.
Brombeeren, so schaut doch her,
Pflaumen, Birnen, immer mehr.
Bunter Herbst, ich mag dich sehr,
bunter Herbst, ich mag dich sehr!

Und im Herbst wie jedes Jahr
gibt es Kuchen – wunderbar!
Apfelkuchen – immer mehr,
ich nasch' alle Teller leer.
Kommt zum Herbstfest zu uns her,
kommt zum Herbstfest zu uns her!

Spielanleitung:
Dieses Herbstlied läßt sich sehr schön pantomimisch gestalten. In der Mitte des Spielkreises stehen mehrere Baumkinder und haben die Arme als Äste ausgestreckt. Nun treten einige Kinder aus dem Spielkreis heran und schütteln strophengemäß Bäume und Sträucher.
Bei der letzten Strophe gehen alle Baumkinder wieder in den Kreis zurück. Alle rühren pantomimisch den Kuchenteig, naschen die Teller leer, fassen sich an und tanzen im Kreis herum.

Herbstliches Fensterbild

Wir brauchen dunkelgrünen Tonkarton, weißes Transparentpapier, Tapetenreste aus Naturtapete (Gras, Korktapete), Klebstoff, Bleistift, Schere.

Wir malen auf den Tonkarton die Konturen eines Baumes auf und schneiden sie aus, so daß Stamm und Äste mit dem Rahmen verbunden sind. Dann kleben wir weißes Transparentpapier dahinter.
Wir malen die Blattformen auf Tapetenreste auf, schneiden sie aus und kleben sie auf die Äste.
Nun können sehr verschieden gestaltete Herbstbäume die Fenster im Kindergarten schmücken.

Was hat sich da versteckt?

Auf die Melodie
„In einem kleinen Apfel" zu singen

In einem kleinen Apfel,
da sieht es lustig aus.
Es sind darin fünf Stübchen
grad wie in einem Haus.

In jedem kleinen Stübchen,
da schlafen ganz versteckt
zwei klitzekleine Bübchen.
Heut hab' ich sie entdeckt.

Ihr klitzekleinen Bübchen
so braun, so zart und fein.
Mit euch kann ich was zaubern,
ich lad' euch alle ein!

Ich lege eine Schnecke,
eine Blume, einen Stern,
einen Fisch und eine Sonne,
ich hab' euch Bübchen gern.

Kannst du das Rätsel raten?
Wer sieht die Bübchen klein?
Das können doch ganz sicher nur
die (Apfelkerne) sein.

Spiel von der Sonnenblume

Im Innenkreis liegen einige Kinder ausgestreckt als Samenkörner. Die anderen Kinder im Außenkreis spielen die Geräusche auf den Instrumenten mit oder ahmen sie mit dem Mund nach. Nach einem Spieldurchgang werden die Rollen gewechselt.

Die Erzieherin erzählt:

Es war mitten im kalten Winter. Der Sturm fegte über die Felder und heulte.

Glissando vom Xylophon, tiefe Töne, Holzblockschläge. Die Kinder ahmen das Tosen des Sturmes nach: Hui – hui...

Tief in der Erde schliefen die Samenkörner der Sonnenblume. Da waren sie geschützt vor der eisigen Kälte.
Allmählich lockerte sich die starre Erde.

Helle Töne vom Glockenspiel.

Die Sonne schickte ihre warmen Strahlen.

Ein Kind in gelbem Trikot läuft als Sonne herbei und beschreibt mit den Armen einen „Sonnenkreis".

Da begannen die Samenkörner sich leise zu recken und zu strecken. Die Samenschale öffnete sich, und ein grüner Trieb wuchs empor.

Kinder recken und strecken sich. Kinder legen die Hände aneinander und „wachsen" langsam empor.

Größer und größer wurden die kleinen Pflanzen. Sie bekamen grüne Blätter.

Kinder nehmen die vor ihnen liegenden Blätter (aus Filz) auf und stecken sie in den Gürtel.

Als es Herbst wurde, leuchteten überall an den Zäunen die Sonnenblumen mit den goldgelben Blütenblättern.

Die Kinder setzen sich den Kranz mit den gelben Blütenblättern auf. Dann wandern sie singend im Kreis herum.

Nach der Melodie:
Ein Vogel wollte Hochzeit machen...

Die Sonnenblumen könnt ihr sehn,
sie wachsen in den Gärten schön.
Gott, wir danken dir, Gott wir danken dir,
für ein reiches, gutes Jahr.

Ich seh' die Strahlen schon von fern,
ich hab' die Sonnenblumen gern.
Gott, wir danken dir...

Ich mag ihr goldenes Gesicht,
sie wachsen hoch empor zum Licht.
Gott, wir danken dir...

Der Körnertisch ist reich gedeckt,
den hat die Amsel schon entdeckt.
Gott, wir danken dir...

Die Körner schmecken Kindern sehr,
wir naschen schnell den Teller leer.
Gott, wir danken dir...

Wir heben sorgsam auf den Rest,
als Samen für das nächste Fest.
Gott, wir danken dir...

Im nächsten Jahr, im nächsten Jahr,
da wächst es wieder wunderbar.
Gott, wir danken dir...

Fingerspiel von der Sonnenblume

Siehst du den Kern, ganz fest und klein?
Den steck' ich in die Erde rein.
Da kommt der Regen, drippel, dropf,
macht feucht die Erde, tropf, tropf, tropf.
Da sagt die Sonne: Ohne mein Licht,
wirst du, kleiner Kern, wohl wachsen nicht.
Die Sonne scheint über Garten und Feld,
dem kleinen Kern das gut gefällt.
Bald steckt er ein grünes Spitzchen hervor
und reckt und schiebt sich hoch empor,
ist größer als der Löwenzahn,
guckt sich die Rose von oben an.
Die Sonnenblume sagt zum Zaune:
„Wie groß ich schon bin!
Ich dreh' mich immer zur Sonne hin!"
Nun guckt sie über die Zaunlatten raus.
Wächst sie noch höher als das Haus?
Da sagt die Sonne: Nun halt mal an,
daß dein grüner Korb ganz braun werden kann!
Die dicken Körner, braun und fein,
sollen für die Vögel der Winterschmaus sein!
Bald ist die Erde ganz verschneit,
da fliegen die Vögel her von weit.
Hier ein Zeh und dort ein Zeh
in dem tiefen, tiefen Schnee.
So viel Körner – ei – der Daus,
liegen heut im Vogelhaus!
Und die Vögel piepsen vor der Tür:
„Liebe Sonnenblume, wir danken dir!"

Textgemäß werden das Trommeln der Regentropfen, der große Sonnenkreis, das Wachsen der Blume mit Fingern und Armen nachgezeichnet. Zum Schluß formt die linke Hand den Korb, aus dem die Finger der rechten Hand picken.

Leuchtende Sonnenblumen

Für die Eingangstür und die großflächigen Fenster im Kindergarten ist dieser Gestaltungsvorschlag sehr geeignet. Wir streichen Kleister in der gewünschten Blumenform auf das Glas und knüllen und drücken ganz locker aus Seidenpapier den Blütenkorb, die Blütenblätter, den grünen Stengel und die Blätter darauf. (Das Bild läßt sich leicht wieder lösen!)
Wir können die Sonnenblume auch kleinformatig auf durchsichtige Folie kleben und als Fensterbild aufhängen. Dann leuchtet ein ganzes Sonnenblumenfeld vor dem Fenster des Kindergartens.

M. Schacherbauer

Kastanienspiellied

Auf die Melodie:
„Horch, was kommt von draußen rein?

Plapp und plupp, was kullert da?
Hui und ho, hui und ho,
weißt du wohl, was hier geschah?
Hui und hollaho?
Kommt der Herbstwind angebraust,
hui und ho, hui und ho,
hat die Bäume wild gezaust,
hui und hollaho.

Was rollt da vor meinem Fuß?
Hui und ho, hui und ho,
kommt vom hohen Baum ein Gruß?
Hui und hollaho.
Und das grüne Stacheltier,
hui und ho, hui und ho,
öffnet seine Stacheltür,
hui und hollaho.

Komm, du braunes Kugelkind,
hui und ho, hui und ho,
komm, wir spielen jetzt geschwind,
hui und hollaho.
Rollen hin und rollen her,
hui und ho, hui und ho,
immer schneller, immer mehr,
hui und hollaho.

Spielanregung
Die Kinder sitzen im Kreis. Ein Kind hat ein langes Tuch umgebunden und saust als Wind herum. Es tippt verschiedene Kinder an, die als „Stacheltiere" Kobolz schießend oder mit dem ganzen Körper rollend sich in die Kreismitte bewegen. Dort setzen sie sich hin, haken sich unter und rollen in einer Wellenbewegung hin und her. Nach einer Weile lassen sie sich auf ein Klangzeichen hin (Trommel oder Triangel) los und kugeln durcheinander. Dann gehen die „Kastanienkinder" in den großen Kreis zurück, und das Spiel beginnt von neuem.
Auch ein „Wettkullern" mit Kastanien kann sich an das Spiellied anschließen.

Im Frühling weiß und andere Rätsel

Im Frühling weiß,
im Sommer grün
und braun im Herbste anzuschaun.
Knick und knack, dann springt's heraus
aus dem harten dunklen Haus. (Kastanie)

Aus: Cratzius, Allererste Kinderrätsel,
Verlag Rowohlt 1992

Zwei Teile hab' ich, hör gut zu:
Was oben wächst, das laß' in Ruh!
Du wirst mich tief in der Erde entdecken,
ich werde dir ganz prächtig schmecken.
Iß mich gekocht, gegrillt, gebraten,
doch nie ganz roh – das laß dir raten!
(Kartoffel)

Wir reisen, wir reisen so weit,
auch ohne Auto und Bahn,
wir brauchen keinen Kompaß,
der den Weg uns weisen kann.

Wir brauchen nur kräftige Flügel,
und Sonne und Sterne und Wind.
Dann geht's in die weite Ferne.
Errätst du es, mein Kind? (Zugvögel)

Wenn die Zugvögel auf Reisen gehen

„Heute können wir auf der Wiese unsere Drachen steigen lassen", sagt Frau Weber. „Es weht ein schöner frischer Herbstwind!"
Bald flattern die ersten bunten Drachenschwänze hoch in der Luft. „Ulis Drachen fliegt ganz hoch! Uli hat so eine richtige Nase für den Wind", ruft Thomas. Höher und höher steigt der Drachen. „Der fliegt noch bis zu den Wolken", ruft Angelika. Alle gucken hoch.
Da ist auf einmal ein heiseres Schreien über ihnen zu hören. Hoch am Himmel hat Michael eine Kette von großen Vögeln entdeckt. „Die fliegen aber schnell", stellt Martin fest. „Und ganz gut geordnet! Wie eine große 1 sieht das aus."
„Frau Weber, wo wollen die denn alle hinfliegen?" „Was sind das für Vögel?" Die Fragen der Kinder schwirren durcheinander.
„Das werden Wildgänse sein", sagt Frau Weber. „Die kommen weit von Norden her, von Norwegen oder Schweden. Sie spüren, daß es bald kalt wird. Da haben sie in Eis und Schnee nicht mehr genug zu fressen. Sie haben einen langen, langen Weg bis in die wärmeren Länder im Süden vor sich. Bis nach Afrika fliegen viele Vögel. Die Züge der Störche und Kraniche werdet ihr auch bald am Himmel sehen. Die großen Vögel fliegen in einer bestimmten Keilform, wie ein liegender spitzer Kirchturm sieht das aus. Dabei müssen die vorderen Vögel sich sehr anstrengen, gegen den Wind anzufliegen. Die hinteren Vögel haben es leichter. Darum wechseln die vorderen Vögel oft ihre Plätze!"

Sachinformationen:
Dem Geheimnis des Vogelfluges forschen die Vogelkundler Jahr für Jahr nach. Bis heute sind noch nicht alle Einzelheiten aufgeklärt. Der Zeitpunkt des Abfluges wird durch eine Art innerer Uhr festgelegt. Die kürzer werdenden Tage, die veränderte Sonneneinstrahlung spielen dabei eine Rolle. Einige Schwalben brechen schon Ende Juli auf und sind dann im August schon in Afrika. Andere Schwalben sammeln sich aber auch erst Ende August, Anfang September. Mauersegler, Pirol und Kuckuck sind oft nur drei bis vier Monate, von Mai bis August, bei uns. Sie ziehen bis weit ins südliche Afrika. Für viele Vogelarten ist es sehr schwierig, die hohen Alpenketten und das Mittelmeer zu überqueren. Sie bevorzugen daher in den Alpen bestimmte Pässe und überqueren das Mittelmeer bei der Meerenge von Gibraltar oder am Bosporus.
Interessant ist der Zug der Weißstörche. Mitten durch Deutschland verläuft für sie eine unsichtbare Grenze. Die Störche, die westlich davon leben, ziehen über Spanien nach Afrika, während die Störche, die östlich davon brüten, über den Balkan und Kleinasien nach Afrika ziehen.

Die Kinder schauen dem Vogelzug nach, bis er hinter den hohen Bäumen verschwunden ist. „Aber können die Vögel sich denn nicht verfliegen? Wie finden sie bloß den richtigen Weg da oben am Himmel?“ will Michael wissen.

„Jeder Vogel hat einen Instinkt, sozusagen einen Computer im Gehirn“, sagt Frau Weber. „Das ist eine Art Landkarte von den Sternbildern, vom Stand der Gestirne, der Sonne und dem Mond. So können sich die Vögel nachts an den Sternen und tags an der Sonne orientieren. Die Vogelforscher haben aber noch nicht alle Geheimnisse der Vogelzüge restlos entdeckt.“

„Das ist ja ein richtiges Wunder“, meint Jessica. „Und wie anstrengend muß das sein“, überlegt Olaf. „So viele Kilometer mit den Flügeln schlagen und schlagen oder auch nur so im Wind dahinsegeln. Und Hunger müssen die Vögel doch auch kriegen.“

„Sie fressen sich vor dem Abflug noch mal richtig satt“, sagt Frau Weber. „Aber ab und zu müssen sie doch noch auf den Feldern niedergehen und auf den Wiesen und Flußufern neue Nahrung suchen, um dann weiterfliegen zu können.“

„Da haben es die kleinen Vögel leichter“, meint Oliver. „Die kleinen flinken Schwalben, die werden schneller satt.“

„Guckt mal“, schreit Markus. „Als ob die gehört haben, daß wir von ihnen sprechen! Ein ganzer Schwarm von Schwalben dort drüben auf den Telegrafendrähten!“

„Die müssen sich sicher vor der großen Reise noch viel erzählen“, meint Petra. „Unterwegs müssen sie ja den Schnabel halten. Da ist das Schwatzen bestimmt zu anstrengend auf dem langen Flug nach Afrika!“

„Was für ein Glück, daß nicht alle Vögel wegziehen“, meint Martin. „Wir wollen doch im Winter wieder unser Vogelhäuschen auf der Terrasse aufstellen.“ „Ja, ja, die Meisen, Amseln und Dompfaffen und noch andere Vögel bleiben bei uns. Da könnt ihr noch genug Körner hinstreuen“, sagt Frau Weber.

Die Flugleistung der Zugvögel ist bewundernswert. Die kleine Küstenseeschwalbe fliegt von Lappland im Norden bis fast ans andere Ende der Welt, hin und zurück etwa 36000 km. Und der winzige Kolibri fliegt im Herbst im Nonstopflug von Nordamerika über den Golf von Mexiko 500 km ohne Pause.

Die Ornithologen (Vogelforscher) sind ständig dabei, die Zuggewohnheiten der verschiedenen Vogelarten zu entschlüsseln. In den letzten Jahren wurden Tausende von Vögeln beringt. Dazu wurden in bestimmten Regionen, die als Vogelzuggebiete bekannt sind, hauchfeine Netze gespannt. Die gefangenen Vögel wurden gewogen, gemessen und mit einem Fußring versehen, der die Adresse der Forschungsstation enthält. Dadurch werden immer neue Erkenntnisse über das Zugverhalten der Vögel gewonnen. Wenn man einen beringten Vogel tot oder krank gefunden hat, sollte man den Ring an eine der verschiedenen Vogelwarten in Deutschland schicken. Wichtig sind dabei folgende Angaben: Fundort, Funddatum, Name und Zustand des Vogels, Wetterverhältnisse. Auskunft erteilt: Deutsche Ornithologische Gesellschaft, 78315 Radolfzell; Deutscher Bund für Vogelschutz, Favoritepark 2, 71634 Ludwigsburg.

Neben den Zugvögeln, die weite Strecken in den Süden zurücklegen, gibt es auch Strichvögel, die nur kürzere Strecken fliegen und je nach Witterungslage bei uns bleiben, wie Meisen, Ammern, Finken, Dompfaffen u.a.

Zehn kleine Schwalben

Wir brauchen: Weißes, rotes und schwarzes Tonpapier, hellblaues Tonpapier für den Hintergrundstreifen, selbstgedrehte Kordel, Schere, Klebe.

Zunächst malen wir die einzelnen Körperteile der Schwalben auf Tonpapier, schneiden sie aus und kleben sie in unterschiedlicher Weise zusammen.
So kann z.B. der Kopf eines Schwälbchens gedreht, und die Flügel können ausgebreitet werden.
Mit einem langen Tonpapierstreifen werden zwei Telegraphendrähte geklebt, und die Telegraphenmaste werden aus schwarzen Tonpapierstreifen mit weißen Isolatoren aufgeklebt.

H. Schauder

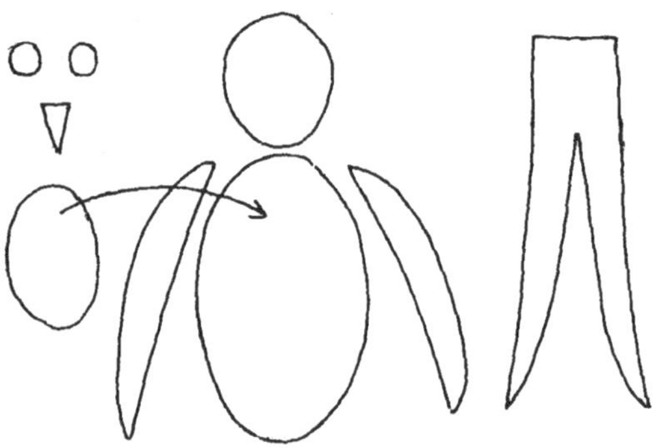

Das Lied von den zehn Schwalben

Nach der Melodie: „Zehn kleine Negerlein"

Spielanleitung
In der Mitte des Kreises liegt eine lange Schnur. Nacheinander fliegen die Schwälbchen auf den „Telegraphendraht" und bewegen sich strophengemäß.
Am Schluß schlagen sie alle noch einmal kräftig mit den Flügeln, segeln in **einer** Richtung aus dem Kreis hinaus und fliegen „gen Süden". Danach schlagen sie zehn neue Schwälbchen an, und das Spiel beginnt von neuem.
Zu diesem Spiel können viele schöne Bilder entstehen. Auch gefaltete Schwalben, auf einer langen Schnur aufgereiht, sind eine schöne Bastelidee.

Seht die erste Schwalbe hoch oben auf dem Draht,
die schnappt sich schnell drei Mücken noch, weil sie so Hunger hat.

Kehrvers: Eine kleine Schwalbe, die bleibt nicht gern allein,
die zweite kommt, der Schwalbenschwarm wird bald beisammen sein.

Zwei kleine Schwalben, die hüpfen hin und her,
bald geht die große Reise los nach Süden übers Meer.

Kehrvers: Zwei kleine Schwalben, die sind nicht gern allein,
die dritte kommt, der Schwalbenschwarm...

Drei kleine Schwalben, die putzen sich geschwind.
Sie heben ihre Schnäbel hoch: „Wie weht denn heut der Wind?"

Kehrvers: Drei kleine... die vierte...

Vier kleine Schwalben, die schwatzen lustig los.
„Wo sind die andern Freunde nur? Wo bleiben sie denn bloß?"

Kehrvers: Vier kleine... die fünfte...

Fünf kleine Schwalben aus einem Schwalbennest,
die sind jetzt groß und blitzeschnell, doch wo ist nur der Rest?

Kehrvers: Fünf kleine... die sechste...

Sechs kleine Schwalben, sie tschilpen immer mehr,
sagt auch den andern schnell Bescheid, die Nester sind doch leer!

Kehrvers: Sechs kleine... die siebente...

Sieben kleine Schwalben, die rufen: „Es ist spät!
Wir warten schon, weil's morgen früh auf große Reise geht!"

Kehrvers: Sieben kleine... die achte...

Acht kleine Schwalben, die gucken nach der Uhr,
die Kirchturmuhr, die schlägt schon sechs, bald geht's auf große Tour.

Kehrvers: Acht kleine die neunte...

Neun kleine Schwalben, die sind ganz aufgeregt,
weil es jetzt acht vom hohen Turm, hört, bimmel, bammel schlägt.

Kehrvers: Neun kleine... die zehnte...

Zehn kleine Schwalben, hört zu, ist das nicht toll!
Nun ist der große Schwalbenschwarm am Ende endlich voll!

Kehrvers: Hui – hui – nun geht es endlich los, wir wünschen euch viel Glück!
Im nächsten Jahr, im nächsten Jahr kommt heil zu uns zurück!

Was die jungen Störche fragen

Text: Barbara Cratzius
Melodie: Ludger Edelkötter

Habt alles ihr gepackt?
Nun stopft euch noch mal richtig voll,
am Teich gibt's Frösche – die sind toll!
Klipper – klapper – klapp,
wir heben bald schon ab.

Wer fliegt denn wohl voran?
Der Storchenvater Roter Strumpf,
der fliegt als erster aus dem Sumpf,
alle hinterher,
dann sind die Nester leer.

Wo geht die Reise hin?
Weit in den Süden! Dort am Nil
gibt's Frösche, soviel jeder will.
Fische noch dazu.
Hat bald der Schnabel Ruh?

Wann kehren wir zurück?
Wenn's wärmer wird schon im April,
dann steht kein Storchenschnabel still.
Klipper – klapper – klapp,
nun geht die Reise ab!

Spielidee
Während einige Kinder im Spielkreis das Spiellied singen, fliegen andere Kinder mit lautem Klipper-Klapper und weiten Armschwüngen (eventuell Einsatz von Holzblockinstrumenten) in langer Reihe dem Storchenvater hinterher. Der Flug kann zunächst um den Außenkreis herumführen, dann quer durch den Raum führen und nach einer Weile im Innenkreis wieder enden.
Danach werden die Rollen gewechselt.

Storchenvater „Roter Strumpf“

Wir brauchen: Grünes und blaues Tonpapier für den Hintergrund, weißes und schwarzes Papier für die Federn, rotes Tonpapier für Schnabel und Beine, weißes Tonpapier für den Kopf.

Man malt die Form des Storches auf den Untergrund und klebt den Kopf mit Schnabel und Augen auf.
Auch die Beine werden aufgeklebt.
Nun beginnen die Kinder mit den Federn. Diese schneiden sie aus schmalen Papierstreifen aus (siehe Skizze).
Die „Federn“ werden von den Beinen aus in Richtung Kopf schuppenartig übereinander geklebt. Zum Schluß werden sie mit den Fingern „aufgeplustert“. *H. Schauder*

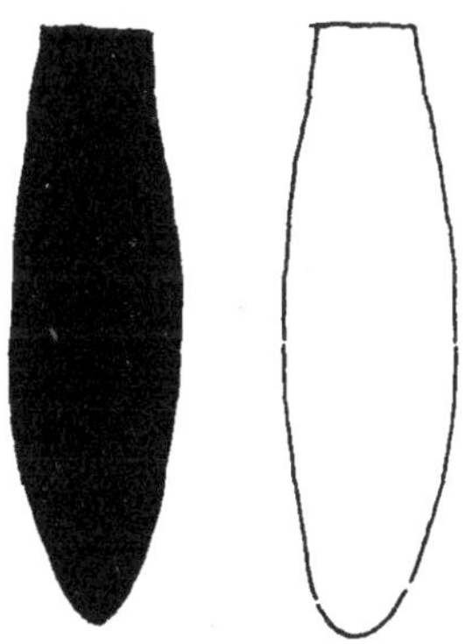

Kapitel 3: Wenn die Neuen kommem

Vorbemerkung: Die langen Sommerferien sind vorbei. Da öffnen sich in den Kindergärten die Türen für die Neuen in den Gruppen. In den Schulen werden die Erstklässler eingeschult. Das sind Situationen, die von Kindern, Eltern und Erziehern einerseits freudig erwartet und begrüßt werden, andererseits aber auch mit Vorurteilen und banger Erwartung besetzt sein können.

Für jede Grupe und für jeden Erzieher bietet der Neuanfang aber auch eine große Chance. Wir sind aufgefordert, unseren Kindern zu helfen, daß sie selbständig und freudig diesen Schritt wagen und bestehen können. Die neuen Erfahrungen, die neuen Wege, die Ablösung von der alten vertrauten Umgebung sind eine große Herausforderung für jedes Kind: Neue Kräfte können sich entfalten. Wir wollen unseren Kindern helfen, Phantasie und freudiges Staunen der neuen Lebenssituation gegenüber, den liebevollen Umgang mit den neuen Freunden und mit allem Lebendigen, das uns umgibt, zu entwickeln.

So können wir Erzieher und Eltern selber lernen, das Kind als selbständiges, einmaliges Geschöpf zu begreifen, das Vertrauen zu seinen eigenen Fähigkeiten und Kräften gewinnen will.

Ich habe in diesem Kapitel viele Vorschläge für einen fröhlichen, unverkrampften Anfang eines neuen Spiel- und Lernjahres gemacht. Viele motivierende Mitmachideen finden sich auch in meinem Bilderbuch „Was ist in der Truhe los?“ (Boje-Verlag).

Weil aber auch Probleme der Kinder im Lied, im Spiel, in der Bildbetrachtung aufgegriffen werden sollten, habe ich auch viele Texte eingestreut, die eingesetzt werden können, wenn die Neuen Kummer und Ängste haben (Angstsituationen, z.B. Seite 54; Fehler und Schwächen des Kindes, z.B. Seite 56).

Das Bilderbuch Cratzius/Kunstreich, „Die Geschichte von der dicken grünen Raupe“ (Verlag Herder) eignet sich gut zur Bildbetrachtung und zum Gespräch bei einem Neubeginn. Aus einer häßlichen kleinen Raupe, von den Tieren belächelt und verspottet, entpuppt und entfaltet sich ein schöner Schmetterling, dem alle bewundernd nachschauen. Die Betrachtung des Bilderbuches: Cratzius/Mandel, „Paulinchens Perlenschnur“ (Verlag Herder) und die anschließenden Gespräche können Kindern helfen, die gehemmt sind, die körperliche und seelische Mängel haben und sich nicht annehmen können. Dazu habe ich viele Spielvorschläge im Zusammenhang mit dem Spinnenkind entwickelt.

Die Erweiterung des Erlebnisbereiches über den Familienverband hinaus, die gefahrvoll und schmerzhaft sein kann, die neuen Erfahrungen und das Fortschreiten auf eigenen Wegen werden eindrucksvoll und sehr informativ beschrieben in dem Bilderbuch über den kleinen Elefanten Wumbo: Cratzius/Kunstreich, „Lauf weiter, kleiner Wumbo“ (Verlag Herder).

Ich habe bei einer Reihe von Spielideen auf bekannte Kindermelodien zurückgegriffen. Auf diese Weise können bei der Eröffnung eines neuen Kindergartenjahres oder bei der Einschulung die anwesenden Eltern einbezogen werden. Die Eltern bekommen die Liedzettel in die Hand, und so ergibt sich ein fröhlicher spontaner Rundgesang, zu dem die Kinder sofort mitspielen und mittanzen können.

Zur Begrüßung der Neuen im Kindergarten können Eltern und auch schon die Kleinsten das Begrüßungslied auf die bekannte Melodie „Alle meine Entchen“ mitsingen:

Alle unsre Neuen

Alle unsre Neuen
ziehen heute ein.
Unser Kreis wird größer,
wir wollen Freunde sein.

Die erste Strophe kann beliebig wiederholt werden und auch öfter einmal in den ersten Tagen zwischen den Spielaktionen gesungen werden.

Alle unsre Neuen
fassen sich heut an.
Singen, tanzen, spielen,
schon ein jeder kann.

Und wir haben alle
uns auf euch gefreut.
Darum wolln wir feiern
diesen Festtag heut.

Alles lernt ihr kennen,
Steine, Klötze, Haus.
Und wir bauen fröhlich
jeden Tag was draus.

Seid heut gar nicht bange!
Traut euch etwas zu!
Seht – wir Kinder warten,
kommt herein, auch du!

Alles lernt ihr kennen,
das ist gar nicht schwer.
Und dann kommt ihr morgen
fröhlich wieder her.

Sehr gut eignet sich für den Anfang auch das Spiellied „Wir laden ein zum Kinderfest“ in Band 1: „Uns gefällt die Frühlingszeit“, Seite 38/39.

Profilbilder von unseren „Neuen“

Eine sehr reizvolle Eltern-Kind-Arbeit ist das Herstellen von Profilschnitten. Die fertigen Bilder können in einer langen Reihe im Kindergarten aufgehängt werden, und die Kinder werden sich begeistert gegenseitig wiedererkennen: „Uli hat aber eine lustige Nase... lange Haare ...“
Wir brauchen: Weißes Papier für den Hintergrund, schwarzes Scherenschnittpapier, Klebe, Schere.

Ein großes weißes Zeichenblatt oder weiße Tapete werden an einer Wand befestigt. Eine Lichtquelle wird im Abstand von einigen Metern aufgestellt. Nun setzt sich das Kind zwischen Wand und Lichtquelle (Entfernung ausprobieren), so daß das Profil auf dem Zeichenblatt sichtbar wird.
Das Schattenbild wird mit Bleistift nachgezogen. Dazu ist es wichtig, daß das Kind einen Moment ganz still sitzt. Dann wird das Profil abgenommen und mit Filzstift nachgezeichnet, auf schwarzes Papier übertragen, ausgeschnitten und auf weißes Papier geklebt.

Klitzekleine Kindergartentüte

Ein halbes Tortenspitzendeckchen (Durchmesser 35 cm) wird mit kleinen Mustern bunt bemalt oder beklebt (Konfetti).
Dann drehen wir daraus eine Tüte und kleben sie zusammen. Die Kindergartentüte wird mit kleinen Überraschungen (Smarties, Kekse, Gummibärchen, Strohblumen, Silbertaler) gefüllt.
An einem Bändchen kann die Tüte aufgehängt werden.
Diese Überraschungstüte können die älteren Kindergartenkinder für die „Neuen“ basteln. *H. Schauder*

Lieder von den verschiedenen Gaben

Die Jessica kann singen,
Tobias baut ein Haus.
Da guckt schon bald der Kasper,
da guckt schon bald der Kasper
mit großen Augen raus,
mit großen Augen raus.

Die Mirjam kann schon stricken,
Andreas schnitzt ein Schiff.
Das fährt mit bunten Segeln,
das fährt mit bunten Segeln
vorbei an manchem Riff,
vorbei an manchem Riff.

Der Markus baut ein Auto
und einen gelben Kran,
mit dem er Lasten heben,
mit dem er Lasten heben
und weiterschleppen kann,
und weiterschleppen kann.

Die Susi kann weit werfen,
der Olaf schwimmt schon gut,
macht richtig hohe Wellen,
macht richtig hohe Wellen
wie in der großen Flut,
wie in der großen Flut.

Der Maulwurf, der kann graben,
das Spinnentier, das spinnt.
Und horch, schon früh am Morgen,
und horch, schon früh am Morgen
der Vögel Ruf beginnt,
der Vögel Ruf beginnt.

Wir alle haben Gaben,
von Gott für uns erdacht.
Wir wollen, Gott, dir danken,
wir wollen, Gott, dir danken
du hast es gut gemacht,
du hast es gut gemacht.

Bernd hat rote Haare,
Ruth, die ist nicht groß.
Mirjam ist noch schüchtern,
sitzt auf Mutters Schoß.

Ulf trägt eine Brille,
kann nicht so gut sehn.
Tim hat Sommersprossen,
doch die find' ich schön.

Alle unsre Gaben
sind von Gott gemacht.
Sind für alle Kinder
in Liebe zugedacht.

Alle unsre Gaben
sind von Gott geschenkt.
Du und ich und alle Welt
sind von ihm gelenkt.

Jede gute Gabe,
Kopf und Fuß und Hand
hat der große gute Gott
uns gnädig zugesandt.

Laßt uns alle danken.
Was der Herr uns gibt.
Sind wir doch an jedem Tag
behütet und geliebt.

Diese beiden Danklieder können den Kindern klarmachen, daß nicht jedes Kind dem andern gleichen muß, sondern dankbar sein darf für die Gaben, die es hat. „Die Jessica kann singen" hat die Melodie von „Ein Kuckuck und ein Esel", „Bernd hat rote Haare" die Melodie von „Alle meine Entchen".

Spiellied von den Farben in der Welt

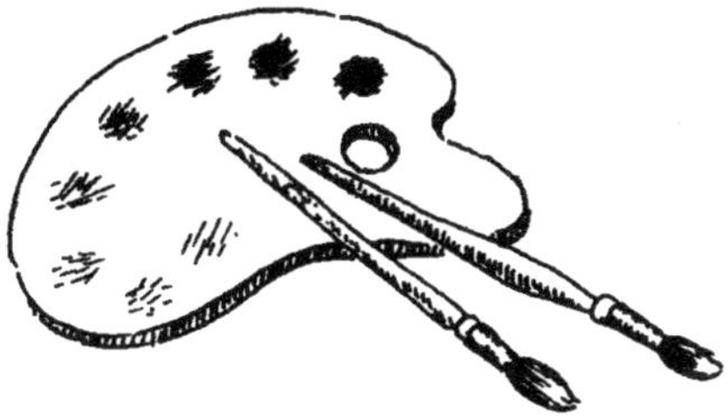

Blau, blau, blau
seht ihr den blauen Himmel.
Blau, blau, blau
ist auch für mich gemacht.
Darum lieb' ich
alles, was so blau ist.
Blumen, Wasser
und das *Blaue* hier.

Gelb, gelb, gelb
seht ihr die gelben Felder,
gelb, gelb, gelb
ist auch für mich gemacht.
Darum lieb' ich
alles, was so gelb ist.
Blumen, Sonne
und das *Gelbe* hier.

Grün, grün, grün
seht ihr die grüne Wiese.
Grün, grün, grün
ist auch für mich gemacht.
Darum lieb' ich
alles, was so grün ist.
Gräser, Blätter
und das *Grüne* hier.

Weiß, weiß, weiß
seht ihr die weißen Wolken.
Weiß, weiß, weiß
ist auch für mich gemacht.
Darum lieb' ich
alles, was so weiß ist.
Blüten, Steine
und das *Weiße* hier.

Rot, rot, rot
seht ihr die roten Blumen,
rot, rot, rot
ist auch für mich gemacht.
Darum lieb' ich
alles, was so rot ist.
Tulpen, Rosen
und das *Rote* hier.

Braun, braun, braun
seht ihr die braune Erde.
Braun, braun, braun
ist auch für mich gemacht.
Darum lieb' ich
alles, was so braun ist.
Erde, Blumen
und das *Braune* hier.

Dieses Spiellied nach der Melodie „Grün, grün, grün sind alle meine Kleider..." können wir mit den Kindern im Spielkreis gestalten. In der Mitte des Kreises liegen die Spieltiere und verschiedene Spielsachen zunächst bunt durcheinander und werden von Strophe zu Strophe den Farben entsprechend zugeordnet.
Bei der letzten Zeile zeigen wir jeweils auf die Gegenstände der betreffenden Farbe in der Mitte des Spielkreises, auf Gegenstände, die sich im Raum befinden, oder auch auf die eigenen Kleidungsstücke (auch auf Haare, Augen), bzw. auf die Kleidungsstücke des Nachbarkindes.

Gabi hat Geburtstag

Text: Barbara Cratzius
Musik: Ludger Edelkötter

Wir laden alle groß und klein
zum Fest in unsern Kreis hinein!
Fideri, Fidera, Fiderallala,
fideri, fidera, fiderallala.

Nun zünden wir die Kerzen an,
daß jeder sich mit freuen kann!
Fideri…

Ihr Tiere, kommt doch alle her
und wünscht ihr Glück und noch viel mehr!
Fideri…

Der Pfau putzt sich die Federn grad
und schlägt ein riesengroßes Rad.
Fideri…

Der Hoppelhase Mümmelmann
macht Männchen flink, so gut er kann.
Fideri…

Spielvorschlag
Bei diesem Geburtstagsspiel kann das Geburtstagskind in der Mitte des Kreises bei den Kerzen sitzen. Die Geburtstagsgäste kommen aus dem Kreis zum Geburtstagskind gelaufen und spielen ihre Kunststücke vor.
Den Tierkindern wird bestimmt noch mehr einfallen: Der Hund kann hochspringen und bellen, das Pferd kann wiehern und galoppieren, der Floh kann hüpfen und pieken.

Der Storch, der klappert laut herein,
dann steht er stolz auf einem Bein.
Fideri...

Der Schmetterling schwebt leis heran,
schau dir die bunten Flügel an!
Fideri...

Der Kuckuck singt zwei Töne dir,
wie alt bist du – so sag es mir!
Fideri...

Der Affe dreht im Kreis sich froh,
dann springt er fort, zeigt dir den Po.
Fideri...

Die Katze schnurrt dir leis was vor,
kraul sie ein bißchen hinterm Ohr!
Fideri...

Die Schneck' in ihrem Schneckenhaus
streckt dir zum Gruß die Fühler raus.
Fideri...

Wer springt da frisch gewaschen her?
Der kleine Waschbär brummt gar sehr.
Fideri...

Sind denn nun alle Gäste hier?
Wir rufen: Alles Gute dir!
Fideri...

Wir gratulieren, groß und klein,
die Gabi soll sich heute freun!
Fideri...

Wir sind von nah und ferne da.
Geburtstagskind! Hurra! Hurra!
Fideri...

Geburtstagsgedicht

... hat Geburtstag heut,
kommen viele Gäste,
Anne, Robert, Kai und Till
und wer sonst noch kommen (will).
Alle gratulieren ihm,
wünschen ihm das (Beste).

... hat Geburtstag heut,
Mutter backt den Kuchen,
einer bringt 'nen Pudding auch,
jeder streichelt sich den (Bauch),
wollt ihr auch den Bienenstich
alle mal (versuchen?)

... hat Geburtstag heut,
kommt – wir spieln Verstecken!
Ene-mene-Bimmelbahn,
Till – der ist mit Suchen (dran).
Alle Kinder sausen los,
hinter Busch und (Hecken).

... hat Geburtstag heut,
Cola gibt's und Selter.
Mit der neuen Eisenbahn
fangen wir zu spielen (an).
Wenn der Tag zu Ende ist,
bist du ein Jahr (älter).

Zu diesem Gedicht kann man leicht auch eine eigene Melodie erfinden oder es als Reimspiel einsetzen.

Mutmachlied

Text: Barbara Cratzius
Musik: Ludger Edelkötter

Und den langen Hals, den hat er hochgereckt.
Was hat er da oben denn wohl bloß entdeckt?
Und er schmatzt und schlingt gar sehr,
frißt den Blumenkasten leer.
Ho, ho, ho, ho,
den Blumenkasten leer!
Ho, ho, ho, ho,
den Blumenkasten leer!
Ho, ho, ho, ho.

Dieses Lied eignet sich sehr gut, Kinderängste abzubauen. Das Wissen, daß sie das schrecklich große Monstrum mit einem Pinselstrich oder dem Wischen eines Lappens beseitigen können, kann den Kindern das Gefühl von Sicherheit auch gegen bedrohliche Mächte geben.

Horch, was klippert, klappert über Stock und Stein,
wird das wohl der starke Stegosaurus sein?
Schlingelt, schlängelt mit dem Schwanz,
laß mir meine Klötze ganz.
Ho, ho, ho, ho,
die Klötze ganz!
Ho, ho, ho, ho,
die Klötze ganz!
Ho, ho, ho, ho.

Hui – wird es jetzt ganz gefährlich, was glaubt ihr?
Hei – ich fang' mit meinem Pinsel jedes Tier.
Male dreimal hin und her,
und jetzt stampft kein Dino mehr.
So, so, so, so,
kein Dino mehr!
So, so, so, so,
kein Dino mehr!
So, so, so, so.

Vom Zittermäuschen

Es war einmal ein Mäuschen,
das hatte Angst tagaus, tagein
vorm Rascheln in dem Grase
und vor dem schwarzgefleckten Stein.

Es war einmal ein Mäuschen,
dem zitterte das Schwänzchen klein
beim Tanz der Weizenähren
und vor der Schneck am Ackerrain.

Es war einmal ein Mäuschen,
dem sträubte sich das graue Fell
beim ersten Windessausen,
da flitzt' es in das Loch ganz schnell.

Es war einmal ein Mäuschen,
das hatte Angst vorm Schatten, schau!
Beim Ruf des Eichelhähers,
da huscht es schnell in seinen Bau.

Der Vater sagt: Hör, Mäuschen,
ein bißchen Angst, das ist ganz gut!
Vor Eule, Katz und Igel
sei immer wachsam auf der Hut.

Doch gibt es nicht nur Feinde
und Böses auf der Mäusewelt.
Schön ist ein Mäuseleben,
pfeif dir ein Lied, wie dir's gefällt.

Du hast ja so viel Freunde,
wir passen auf tagaus, tagein,
nun freu dich deines Lebens
und pfeif dein Mäuselied so fein.

Da springt das kleine Mäuschen
hoch auf den Stein ganz keck
und tanzt und hebt das Schwänzchen,
nun sieh – die böse Angst ist weg!

Gerade für die Neuen im Kindergarten, für die die Umgebung ungewohnt und beklemmend sein kann, oder wenn ein Kind Angst hat, ist dieser Spieltext als Finger- oder Bewegungsspiel ebenfalls gut geeignet, Ängste abzubauen. Der Text kann auch als Figuren- oder Schattenspiel verarbeitet werden.

Mäusespiel und Knabbermaus

Alle Mäusekinder stehen oder sitzen im Kreis. Maus Fips steht in der Mitte (mit Mäuseohren und Mäuseschwanz). Er spielt die Mäusebewegung vor, die die Kinder im Kreis alle nachahmen (Bart putzen, am Schwanz zupfen, vorwärts trippeln, Männchen machen, Ohren spitzen). Dazu wird das Mäuselied nach der Melodie „Alle meine Entchen…" gesungen:

Kommt her, alle Mäuse,
seid ihr aufgewacht?
Alles, was Maus Fips uns zeigt,
wird nun nachgemacht.

Nach einer Weile darf ein anderer die Rolle von Fips übernehmen:

Hört ihr, liebe Mäuse,
jetzt ist (Peter, Karen…) dran!
Alles, was uns Peter zeigt,
jeder von euch kann!

Knabbermaus, komm heraus

Wir brauchen: Eine dünne, längere Dose (oder Papprolle), graues Papier, schwarze Filzstifte, Klebe, Schere.
Ihr beklebt die Dose mit grauem Papier, schneidet Schwanz, Füße und Kopfteil aus, malt Gesicht, Schwänzchen und Schnurrbart auf und klebt die Teile an der Dose fest. *I. Dupke*

Abzählreime

Die Mi-Ma-Mausemaus,
die sitzt in ihrem Mausehaus.
Da kommt der Kater – weh – o Graus –
und du mußt raus!

Schlägt das Herzchen poch-poch-poch,
Maus, heraus aus deinem Loch!
Ich will dein langes Schwänzchen sehn,
und du mußt gehn!

Rein ins Loch,
seh' dich doch,
raus im Nu,
ab bist du!

Mi-ma-mein,
du darfst rein.
Mi-ma-maus,
du mußt raus!

Mi-ma-meck,
die Katze, die läuft weg.
Mi-ma-maus,
und du mußt raus.

Paulinchens Perlenschnur – Wunder der Schöpfung

Dieses Gedicht kann nach der Melodie: „Ein Männlein steht im Walde ...“ gesungen werden.

Wer spinnt schon früh am Morgen
im feuchten Gras?
Pauline, deine Beinchen,
die werden naß.
Viele Fäden rings im Kreis,
woher sie das so gut weiß.
Gott, der Herr, hat dich so reich und schön erdacht.

Da glitzern Silberperlen
im Sonnenschein.
Es fällt ihr alle Tage
ein neues Muster ein.
Viele Fäden rings im Kreis ...

Da steht ein bunter Bogen
am Himmelszelt.
Sein Licht durch Silberschnüre
mit sieben Farben fällt.
Viele Fäden rings im Kreis ...

Ein jeder ist auf Erden
von Gott beschenkt,
geschaffen und mit Liebe
von ihm gelenkt.
Auch du bist von ihm geführt,
hast du das noch nicht gespürt?
Gott, der Herr, hat dich so reich und schön erdacht.

Die Geschichte von der unzufriedenen keinen Spinne bietet für Kindergruppen viele Möglichkeiten zur Umsetzung in Spiellied, Fingerspiel und manuelle Gestaltung.

Auch für die schwarze Spinne Pauline ist die bunte Farbenpracht von Gottes Regenbogen über die Erde gezogen:

Schwarz, schwarz, schwarz,
seht ihr die schwarze Spinne.
Schwarz, schwarz, schwarz,
hat Gott für sie erdacht.
Darum lieb' ich
alles, was so schwarz ist.
Gott, du hast es
wunderbar gemacht.

Siehe Spiellied von den Farben in der Welt und dortige Melodie, Seite 51.

Ebenso möchten die folgenden Spielideen Anregung geben, die Geschichte von Pauline im Gespräch, Spiel, Betrachten und Gestalten nachzuvollziehen und vielleicht mit anderen Geschichten zu verknüpfen.
Wir können weiterführend das Märchen vom häßlichen kleinen Entlein erzählen. Auch an Jesusgeschichten (z.B. Zachäus und das Gleichnis vom barmherzigen Samariter) läßt sich zeigen, wie Jesus Außenseiter angenommen hat.

Eine kleine Spinne ist mit ihrer Gestalt und mit dem Schöpfer, der sie erschaffen hat, unzufrieden. Diese Bildergeschichte erzählt davon, daß Gott sich seinem Geschöpf zuwendet und mit ihm spricht. Er erfüllt zwar nicht alle seine Wünsche, aber er beschenkt es doch auf seine Weise.
Gott ist der Schöpfer und Erhalter der Welt – dieses christliche Schöpfungszeugnis wollen wir zusammen mit den Kindern mit unseren eigenen Erfahrungen verbinden: „Ich glaube, daß mich Gott geschaffen hat samt aller Kreatur..." – so heißt es in einer Erklärung zum 1. Gebot. Wenn wir die Schöpfungsgeschichte vor den Kindern entfalten, wollen wir die Brücke zur persönlichen, individuellen Schöpfungsgeschichte schlagen und nicht nur von der Erschaffung der Tiere und Pflanzen erzählen. So drückt es der Psalmist in Psalm 139 aus:

Herr, du durchschaust mich,
du kennst mich.
Du hast mich erschaffen mit Leib und Geist,
mich zusammengefügt im Schoß meiner Mutter.
Dafür danke ich dir.
Du sahst mich schon fertig,
als ich noch ungeformt war.
Im voraus hast du alles aufgeschrieben,
jeder meiner Tage war schon vorgezeichnet,
noch ehe der erste begann.

Auch Jeremia, der Prophet aus dem Alten Testament, erzählt vom Versprechen Gottes: „Ich kannte dich, ehe ich dich im Mutterleib bereitete."
In der Nachdichtung von Psalm 139 erfahren wir von der Fürsorge Gottes für seine Geschöpfe:

Ob ich schlafe oder wache,
immer bist du da.
Ob ich sitze oder stehe,
Herr, du bist mir nah.

Dir ist schon am frühen Morgen
jedes Wort bekannt,
und du leitest meine Schritte,
Herr, mit deiner Hand.

In dem großen Weltenraume,
in der Erde tief
bin ich nicht von dir verlassen,
weil dein Wort mich rief.

Mit der Morgenröte Flügel
über Meere hin
kann ich nicht vor dir entfliehen,
Herr, dein Kind ich bin.

Herr, du hast mich einst geschaffen
in der Mutter Schoß.
Du hältst mich mit starken Händen
und läßt mich nicht los.

Deine großen Wunderwerke
kann ich nicht verstehn,
doch ich möchte alle Tage
rechte Wege gehn.

So hat jeder Mensch von Gott seinen eigenen Wert und seine eigene Individualität empfangen. Gott hat einen Plan für jeden Menschen von Anbeginn an.
In der Kindergruppe und im Familienkreis können wir dem Kind helfen, seine eigenen Fähigkeiten zu entwickeln und auszuweiten, aber auch die eigenen Grenzen zu erkennen.

Auch das Bewußtsein, daß dem Kind im Zusammenleben mit anderen bestimmte Aufgaben zuwachsen, muß geweckt werden:

Alle seine Werke sind vortrefflich,
doch sehen wir nur einen Funken und
ein Spiegelbild.

Jedes Ding ist von andern verschieden,
keines von ihnen hat er vergeblich
gemacht.

Eins ergänzt durch seinen Wert das
andere.
Wer kann sich sattsehen an seiner
Pracht?

Jesus Sirach 42, 22–25

Gebet aus Afrika:
Alle, Herr, hast du uns erschaffen.
Wir sind alle voneinander verschieden.
So hast du es gewollt,
denn unendlich groß ist deine
Schöpfung,
vielfältig und voller Abwechslung.
Du hast es aber nicht gewollt,
daß die einen über die anderen
herrschen.
Laß uns das, bitte, erkennen!

Ich packe dich, du Fliegentier

Mit Kreppapierbändern wird quer durch den Raum ein großes Spinnennetz gelegt oder mit Kreide aufgemalt. Die Bänder sind so angeordnet, daß „Wege" entstehen. Fliege und Spinne stehen im Spinnennetz möglichst weit auseinander.
Nun versucht die Spinne, die Fliege zu fangen. Damit das Spiel nicht zu wild wird, sollte nicht gerannt, sondern nur schnell gegangen bzw. gehüpft werden. Dabei sollte das Spinnennetz nicht verrutschen.
Nach einer Weile werden neue Kinder für Spinne und Fliege bestimmt. Und was ruft die Spinne?

Fliege, wo bist du versteckt?
Nun hab' ich dich schon entdeckt!
Ich packe dich, du Fliegentier,
jetzt gehörst du mir!

Ein liebes kleines Spinnenkind

Ein liebes kleines Spinnenkind,
das krabbelt ganz geschwind.
Ein liebes kleines Spinnenkind,
das krabbelt ganz geschwind.
Es spinnt die Fäden, silbern-grau,
das Netz ist fertig, komm und schau!
Nimm hier den Faden, zart und fein,
du darfst jetzt Spinne sein.

Die Kinder bilden einen Innen- und Außenkreis und singen das Lied nach der Melodie: „Es tanzt ein Bi-Ba-Butzemann". Sie krabbeln jeweils in Gegenrichtung auf allen Vieren im Kreis herum. Die Kinder im Innenkreis haben Silberfäden (z.B. silbernes Geschenkband) um das Handgelenk geschlungen. Bei „Es spinnt die Fäden" bleiben sie vor einem Kind im Außenkreis stehen. Jeweils zwei Kinder reichen sich die Hand zur Mühle und drehen sich herum.
Am Schluß bekommt das Kind aus dem Außenkreis die Fäden um die Hand geschlungen, und das Spiel beginnt von neuem.
Weil dabei die Partner wechseln, kann das Spiel eine ganze Weile gespielt werden.

Spinne „Funkelauge"

Wir brauchen: Fellreste, lange gelbe Pfeifenputzer, Funkelaugen (Bastelgeschäft).
Wir drücken die Fellreste zu einem länglichen Spinnenkörper zusammen und kleben sie fest. Dann werden die acht langen Pfeifenputzerbeine und die Funkelaugen festgeklebt.

I. Dupke

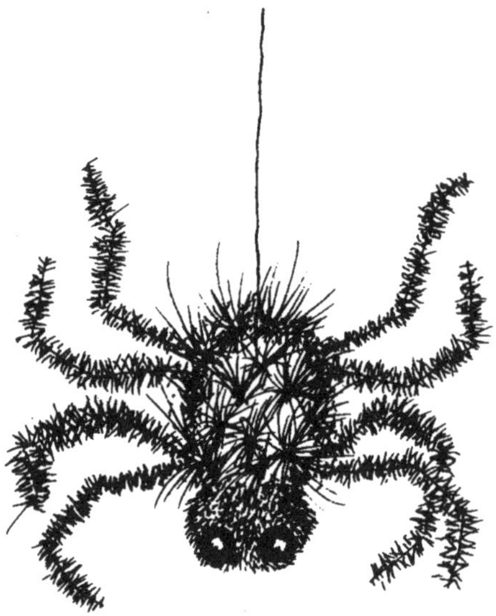

Diese Spinne habe ich am Fenster in einem Kindergarten in Niederbayern gesehen. Als die Kindergartenleiterin mir die Spinne auf meine Bitte hin mitgeben wollte, kamen spontan die Kinder angelaufen, streichelten das weiche Fell und waren gar nicht damit einverstanden, daß „ihre Spinne" nun fortgehen sollte.
Nur mit dem Versprechen, daß ich sie wieder zurückschicken würde, trennten sie sich zögernd von ihrer „Spinne Funkelauge" – für mich ein Beweis, daß Kinder mit den angeblich so häßlichen Spinnen liebevoll umgehen können.

Die Fliege im Spinnennetz

Mehrere Kinder stehen im Kreis und legen die Hände zu einem „Spinnennetz" zusammen.
Die anderen Kinder laufen als Fliegen mit ausgebreiteten Armen um das Spinnennetz herum. Wenn viele Kinder in der Gruppe sind, können auch mehrere Spinnennetze gebildet werden.
Die Fliegen kommen immer dichter heran, bis eines der Kinder aus dem Spielkreis blitzschnell ausholt und eine Fliege berührt. Dieses Kind muß sich nun als Fliege in den Kreis hinducken. Nun gehen die Kinder langsam im Kreis herum und singen zu der bekannten Kindermelodie „Ein Vogel wollte Hochzeit machen":

Paß auf, wenn wir dich kriegen,
nun kannst du nicht mehr fliegen.
Versuch's doch mal!
Versuch's doch mal!
Kleines armes Fliegenkind!

Nun bleiben die Kinder stehen und lassen ihre Hände langsam auf das arme Fliegenkind niedersinken. Dann ruft das Fliegenkind:

Bitte, bitte, laßt mich raus
aus dem dunklen, engen Haus.
Möchte fliegen ganz geschwind,
ich armes kleines Fliegenkind.

Nun öffnen die Kinder die Hände, und die Fliege kann hinausfliegen. Sie versucht, eines von den übrigen Fliegenkindern anzuschlagen. Wenn sie ein Fliegenkind erwischt hat, muß sich dieses in den Kreis setzen, und das Spiel beginnt von neuem.

Roboterspiel

Die Kinder sitzen im Kreis. Die Erzieherin geht zu einem Kind und hängt ihm die „Roboterausrüstung" um. Dann ruft sie:

Zick – zack,
klick – klack.
Ricke – racke – recke,
wer stakst da um die Ecke?
Robo programmiert,
Robo, losmarschiert,
Robo kommandiert.
Robo ist ein Supermann,
der viele Knöpfe drücken kann.
Ricke – racke – rück,
hin und her und vor – zurück!

Dann bewegt sich das Roboterkind mit eckigen Bewegungen im Kreis hin und her. Bei der Strophe: „Und wird er dich berühren" bleibt er vor einem Kind stehen und tippt es an. Das Kind muß nun vor ihm hergehen und wird vom „Roboter" „gesteuert", d.h., es muß bei der Berührung den rechten (linken) Arm hochschnellen lassen usw. Wenn die beiden einmal im Kreis herumgegangen sind, wechselt der Roboter seine „Ausrüstung" mit dem Kind, das nun neuer Roboter wird, und das Spiel geht weiter, bis alle einmal Roboter gespielt haben. Der „alte Roboter" setzt sich jeweils auf den frei gewordenen Platz. Die Kinder singen auf die Melodie „Ein Vogel wollte Hochzeit machen":

Der Robo ist ein Supermann
Maschinen er bedienen kann.

Ihr könnt es mir schon glauben,
der Robo kennt die Schrauben.

Er speichert alle Daten,
hat niemals falsch geraten.

Sein schönstes Mittagessen
ist Öl – nicht zu vergessen!

Anstoßen ist verboten,
sonst gibt's was auf die Pfoten.

Du darfst ihm was befehlen,
kannst im Programme wählen.

Mußt ihn in Ruhe lassen,
sonst kriegt er dich zu fassen!

Dann kann mit wilden Zacken
er dich ganz feste packen.

Und wird er dich berühren,
mußt du vor ihm marschieren.

Du mußt brav alles machen
und darfst dabei nicht lachen.

Wird es dir auch gelingen?
Du mußt als Robo springen.

Nun stakst du selbst als Robo her
mit steifen Beinen – das ist schwer!

Lustiger Roboter „Robi“

Material: Milchkartons, Eierkartons, Pappe, Klebe, Kronenkorken, Luftballondrähte, Flaschenkorken, kleine Joghurtbecher.
Für den Kopf des Roboters werden die Milchkartons halbiert und zusammengeknipst. Für das Gesicht wird ein Halbkreis ausgeschnitten und mit Schwammdruck grau bedruckt. Für die Antennen drehen wir Luftballondrähte zu Spiralen um einen Farbstift und befestigen Weinkorken und Kronenkorken daran. Mit der Klebepistole kleben wir zwei Fruchtzwerge (kleine Joghurtbecher) als Lichter fest. – Für den Körper bekleben wir zwei rechteckige Kartonpappen mit grauer Pappe. Eierkartons und Kronenkorken werden mit der Klebepistole festgeklebt. Zwischen die Kartons kleben wir zwei Streifen als Träger. *M. Vollweiter*

Hört nur, was der Robi ruft:
Zicke-zucke-zack,
ricke-rucke-rack.
Schaut euch nur den Robi an,
was der Robi alles kann.
Programmieren,
dirigieren
und marschieren!
Zicke-zucke-zack,
ricke-rucke-rack.

Für diesen lustigen Wettlauf brauchen wir eine lange Rennstrecke (evtl. quer durch den Raum). Das Spiel ist sehr schön im Freien aufzuführen. Igelmann und Igelfrau haben das gleiche „Igelkleid", eventuell eine Kappe mit aufgemalten Stacheln. Der Hase kann lange Hasenohren umbinden. Er vollführt zu Anfang des Spiels seine „Hasenkunststücke".
Die zuschauenden Kinder können an den Seiten der Rennstrecke stehen. Sie singen die begleitenden Lieder zunächst nach der Melodie „Ein Vogel wollte Hochzeit machen..." mit dem Kehrvers „Fiderallala..."

Wettlauf zwischen Igel Stachelfritz und Hase Ottokar

Seht euch den stolzen Hasen an,
was der für Haken schlagen kann!

Seht euch die Hinterbeine an,
wie schnell der Hase wetzen kann!

Nun springt er über'n Bach sogar,
ein Künstler ist der Ottokar!

Der Ottokar, der kann es gut,
der Ottokar hat Kraft und Mut.

Da ist der Igel auch zur Stell',
schön langsam, denn er kann's nicht schnell.

Die Beine, die sind krumm und klein,
wie kann's bei Igeln anders sein!

Hase: Seht ihr meine flinken Beine?
Schneller lauf' ich als der Wind
über Äcker, Wiesen, Felder,
keiner hoppelt so geschwind!
Oh – da kommt der Igel her,
seht ihn euch nur an!
Wie er mit den krummen Beinen
nur ganz langsam trippeln kann.

Igel: Lach nicht über meine Beine,
frech von dir, daß du mich kränkst!
Wenn ich gut in Stimmung bin,
lauf ich schneller, als du denkst!

Hase: Das möcht' ich ja wirklich sehen,
kugeliger Stachelfritz!
Komm – wir laufen um die Wette,
machst du mit – das ist kein Witz!

Igel: Topp – das gilt – um 20 Taler
und 'ne Flasche Gänsewein
wolln wir wetten, gleich um 12
soll der große Wettlauf sein!

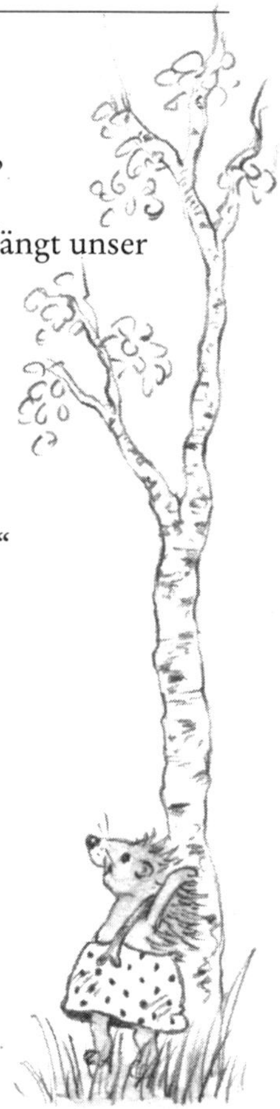

Los geht's in der Ackerfurche,
dort die Birke ist das Ziel.
Jetzt lauf ich ganz schnell nach Hause,
weil ich mich noch stärken will.

Igel zur Igelfrau: Zieh dich an, der Hase wartet, gleich fängt unser Wettlauf an!

Igelfrau: Bist du ganz verrückt geworden,
dummer, dummer Igelmann!

Igel: Mach dein freches Schnäuzlein zu,
setz dich an die Birke hier!
Wenn der Hase dich erblickt,
schreist du frech: „Ich bin schon hier!"

Sprecher: Eins – zwei – drei und losgelaufen!
Seht – der Has' läuft wie der Blitz!
Doch es wartet an der Birke
schon auf ihn Frau Stachelfritz.

Igelfrau: 1 und 2 und 3 und 4,
hei – ich bin schon lange hier!

Hase (laut pustend): Schneller jagt' ich als der Wind,
unerhört – was ist geschehn!
Muß ich an der großen Birke
schon den frechen Igel sehn!
Noch einmal die gleiche Strecke,
1 und 2 und 3 und 4,
schneller, schneller muß ich laufen!

Igel: Hei – ich bin schon lange hier!

Hase: Das geht mit dem Teufel zu,
alter frecher Stachelfritz!
Noch einmal die gleiche Strecke,
ich lauf' wie'n geölter Blitz!

Igelfrau: 1 und 2 und 3 und 4,
hei – ich bin schon lange hier!

Kinder singen: (Melodie: „Wer will fleißige Handwerker sehn ...")

Wer will heut den Wettlauf sehn,
der muß mit zum Felde gehn.
Hin und her, kreuz und quer,
ach, der Has', der pustet sehr.

Wer will heut den Wettlauf sehn,
der muß mit uns früh aufstehn.
Hin und her, kreuz und quer,
unser Has' kann bald nicht mehr.

Wer will heut den Wettlauf sehn,
Hase kann das nicht verstehn.
Hin und her, kreuz und quer,
unser Has', der kann nicht mehr.

Hase setzt sich schwer atmend nieder.

Hase: Ach, wie muß ich mich heut schämen,
Sieger ist der Stachelfritz.
Mit den kleinen krummen Beinen
läuft er wirklich wie der Blitz.
Hier die Taler und der Wein,
Sieger, das bist heute du!
Ich muß mich ins Gras jetzt legen,
denn ich brauche meine Ruh.

Igel: (gönnerhaft und stolz):

Ruh dich nur recht lange aus.
Mit der Frau werd' ich heut feiern,
das gibt einen Sonntagsschmaus!

Kinder singen (Melodie: „Ein Vogel wollte Hochzeit machen..." mit dem Kehrvers „Fiderallala...")

Kommt alle her zum Igelfest,
dort unterm Busch beim Igelnest.

Da gibt es frischen Gänsewein,
und alle laden wir heut ein.

Und lange bis nach Mitternacht
wird bei den Igeln Krach gemacht.

Der Stachel spitz, die Beine krumm,
Freund Stachelfritz, der ist nicht dumm.

Ihr Hasen, nehmt euch nur in acht,
sonst werd' ihr wieder ausgelacht!

Und die Moral von der Geschicht:
Lacht über kleine Igel nicht!

Dieses lustige Spiel kann auch sehr gut als Puppen- oder Schattenspiel aufgeführt werden.

Kapitel 4: Wir feiern das Erntedankfest

Vorbemerkung: Das Feiern als Dank für die Ernte ist uns schon aus dem Altertum überliefert. Die Römer kannten Dankfeste für die Gaben des Feldes, die Israeliten feierten lange vor Christi Geburt den Sabbat und das Laubhüttenfest als Dank für die Ernte.
Das Erntedankfest wird bei uns meist am ersten Sonntag im Oktober gefeiert. In unserer hochtechnisierten Industriewelt, in der uns der elementare Bezug zur Natur weitgehend verlorengegangen ist, ist es nicht immer leicht, den Prozeß Reifen–Wachsen–Ernten–Danken für die Ernte auf den Feldern nachzuvollziehen.
So entspricht es unserem modernen Bewußtsein, auch den Dank für die Erzeugnisse der industriellen Arbeit mit in den Erntedank einzubeziehen.
Auch der Dank für unser eigenes Leben, für unsere Hände und Füße, für Augen und Ohren, die Freude, „daß uns Gott geschaffen hat samt aller Kreatur", gehört zum Erntedank dazu.
Bei der Vorbereitung zum Erntedankfest sollten wir unseren Kindern bewußt machen, daß Gott uns so viel Gutes in unserem täglichen Umkreis geschenkt hat, Essen und Trinken, Kleidung und Wohnung, Haus und Garten... Vielleicht führt eine Weitergestaltung des Erntedankliedes (S. 76 f.) dazu, daß die Kinder ihre eigenen Gedanken und Vorstellungen als Dank für Gottes reiche Gaben ausdrücken können.
Aber auch der Blick über den Zaun auf die Menschen, denen es nicht so gut geht wie uns, die wir im Überfluß leben, gehört zur Vorbereitung des Erntedankfestes.
Die Gestaltung dieses Festes ist sicher viel schwieriger als die Vorbereitung der „Lieblingsfeste", wie Laternenfest/St. Martinsfest, weihnachtliche Feste, Fastnacht/Fasching, Sommerfeste...
Ich meine, daß wir immer wieder neu gefordert sind, unsere Erfahrungen und Gedanken zu diesem Fest einzubringen, auszutauschen, um so das Erntedankfest jedes Jahr wieder neu zu gestalten.
Vielleicht kommen wir dann dazu, daß wir das gemeinsame Danken nicht nur auf diesen einen Sonntag im Oktober beschränken. Willi Kramp hat es einmal so ausgesprochen: „Was uns unverdient zufließt aus den Reservoiren Gottes, ist unser einziger wahrer Reichtum. Aber wir behalten ihn nur, wenn wir ihn mit vollen Händen weitergeben... Und was wir weitergeben, ist Saat für Neues. Denn was der Mensch sät, wird er ernten. Sät er Hilfe, so erntet er Hilfe... sät er Angst, so erntet er Angst... sät er Freude, so erntet er Freude..."

Vielleicht sollten wir weitergeben, was Gott immer wieder sät: Glaube, Liebe, Hoffnung..., aber die Liebe ist die größte unter ihnen.

Weitere empfehlenswerte Vorschläge in: Erntedank – Termin oder Situation, Comenius-Institut, Münster.

Gebt ihr ihnen doch zu essen!

nach Markus 6, 30–44

Jesus zog mit seinen Freunden über das Land. Er sprach zu den Menschen, daß Gott sie lieb habe. Er wollte die hungrigen Menschen satt und die traurigen Menschen froh machen. Jesus heilte auch viele Kranke. Immer mehr Menschen folgten ihm. Jesus und seine Freunde fanden keine Zeit, sich auszuruhen und etwas zu essen.

Da fuhr er mit ihnen über den See ans andere Ufer, damit sie sich ausruhen konnten.

Aber die Menschen aus den Dörfern und Städten liefen ihnen nach und kamen noch vor ihnen an. Jesus hatte Mitleid mit ihnen. Sie waren wie Schafe, die keinen Hirten haben. Er ging zu ihnen und erzählte ihnen von Gottes Liebe, bis es dunkel wurde.

Da sagten die Jünger: „Herr, der Ort hier ist einsam. Schick die Menschen fort, daß sie sich in den Dörfern etwas zu essen kaufen können."

Jesus sprach zu ihnen: „Gebt *ihr* ihnen zu essen!" – Die Freunde blickten Jesus verwundert an. Sie hatten nur wenig Geld. Wie sollten sie die vielen hundert, ja tausend Menschen satt machen? – „Wie viele Brote habt ihr?" fragte Jesus. „Fünf Brote und zwei Fische", sprachen die Freunde. Da sagte Jesus: „Laßt die Leute sich in Gruppen ins Gras setzen." Dann nahm er die Brote und die Fische, blickte zum Himmel empor und sprach das Dankgebet und reichte sie seinen Freunden. Sie verteilten alles. Die Menschen aßen und wurden satt. Die Jünger sammelten die Reste ein. Da wurden noch zwölf Körbe voll von allem, was übriggeblieben war.

Kinderzeichnung, 8 Jahre

Soweit der biblische Bericht. Wenn wir ihn unseren Kindern erzählen, sollte es wohl neben der traditionellen Auslegung der „wunderbaren Brotvermehrung" erlaubt sein, sich mit den Kindern gemeinsam vorzustellen, daß die vielen Menschen angesteckt wurden von der Hilfsbereitschaft der Jünger Jesu. Die Jünger behielten nichts für sich. Da griffen auch die Menschen in ihre Taschen, holten Datteln und Rosinen und Oliven, sicher auch Fladenbrot heraus, das sie für die Arbeit auf dem Felde mitgenommen hatten. Sie teilten alles miteinander. Alle wurden satt. Und Jesus hat vielleicht zu seinen Jüngern gesagt: „Ihr sollt anfangen zu teilen! Dann folgen die anderen eurem Beispiel." „Durch Teilen und Beten wird ein jeder satt", heißt es in der Kinderbetmesse „Fünf Brote und zwei Fische" (Gvd-Verlag).

Gebt *ihr* ihnen zu essen! Diese Geschichte kann uns zu eigenem Tun, zum Helfen und Teilen anregen. Wenn Not und Hunger auch im näheren Umkreis unserer Kinder nicht offen sichtbar sind, so werden die Kinder doch vom Fernsehen her täglich mit Bildern aus den Notstandsgebieten der Welt konfrontiert.
In manchen Kindergruppen werden während der Vorbereitung zum Erntedankfest zusammen mit den Eltern Initiativen entwickelt, Projekte in der Dritten Welt zu unterstützen (z.B. Basar mit Angeboten, die die Kinder selbst gebacken und gebastelt haben). Dabei ist es wichtig, daß ein Projekt gefunden wird, bei dem eine Rückmeldung möglich ist. Die Kinder wollen wissen, was mit ihrer Spende geschieht. Da bieten sich zum Beispiel Patenschaften bei der Kindernothilfe oder einem anderen kirchlichen Hilfsprojekt an. So stehen wir seit vielen Jahren mit unseren Patenkindern in Guatemala in ständigem Briefkontakt.

Gemeinsam an einem Tisch in der Erntedankzeit

Gemeinsames Mahl als sinnhaftes Zeichen

Ich durfte in Israel bei einer Sabbat-Feier im Kreis einer jüdischen Familie teilnehmen. Dabei wurde mir bewußt, wie wichtig – neben dem Wort – die sinnhaften Zeichen einer solchen Feier sind: die vier Becher Wein, das gebrochene Mazzebrot, die Bitterkräuter (bittere Speisen als Zeichen für die Knechtschaft in Ägypten, ungesäuertes Brot als Zeichen des schnellen Aufbruchs aus dem Land der Ägypter).
Auch das Erntedankfest wird bei den Juden mit sinnhaften Zeichen gefeiert. Wenn Wein und Obst und Früchte geerntet sind, bauen sie für dieses Fest (Laubhüttenfest) eine Hütte aus Brettern und Zweigen, die nach oben, zum Himmel offen ist. So feiern sie ein fröhliches Fest, offen für die Geschenke des Himmels, offen für Gott. Äußere Zeichen weisen symbolisch auf tiefe religiöse Glaubenselemente hin.
Auch wenn wir mit unseren Kindern das Erntedankfest feiern, gehören die gemeinsam vorbereiteten und eingenommenen Speisen als wichtiges Element dazu.
Darum möchte ich hier Rezepte (Vollwertkost) anbieten, die mit den Kindern vorbereitet werden können.

Apfelspeise „Gras oder Lehm"

Das ist eine einfache, gesunde Apfelmahlzeit. Sie kann „grün" oder „braun" verzehrt werden.
Wir reiben pro Kind 1 bis 2 Äpfel, fügen 1 bis 2 gemahlene Mandeln, Honig nach Geschmack und etwas Vanille hinzu. Wenn wir dieser Masse etwas Zitronensaft zufügen, bleibt sie hell. – Wenn wir statt Vanille Zimt und braunen Zucker (Ursüße) zugeben und den Apfelbrei eine Weile stehenlassen, nimmt er eine bräunliche Farbe an. (Hinweis: Für die Juden ist dieser Brei heute noch bei der Sabbatfeier ein Zeichen für den Lehm, aus dem sie während der Fronarbeit in Ägypten Ziegel brennen mußten.)

Wir backen gemeinsam zum Erntedankfest

„Apfelkuchen Mandelkönig"

Zutaten zum Teig: 400 g Vollkornmehl, selbstgemahlen oder Type 1050, 150 g Ursüße, 3 Eßlöffel Honig, 4 Eier, 175 g Butter oder Margarine, 3 Teelöffel Backpulver, 1 Beutel Citroback oder abgeriebene Schale einer ungespritzten Zitrone, etwas Naturvanille.

Zutaten zum Belag: 1 1/2 kg Äpfel, 1 bis 1 1/2 Glas Orangen- oder Aprikosenmarmelade nach Belieben, 200 g Honigmarzipan.

Wir verarbeiten die Zutaten zu einem Rührteig und streichen ihn gleichmäßig auf dem Backblech aus, das mit Backpapier ausgelegt ist. Dann schälen wir die Äpfel und schneiden sie in dünne Scheiben. Nach Belieben können Rosinen untergemischt werden. (Kerne bitte zum Basteln aufbewahren, wir können z.B. schöne Mosaikbilder damit legen.)
Wir träufeln Zitronensaft auf die Äpfel, damit sie nicht anlaufen.
Nun werden kleine Flöckchen von Honigmarzipan, einige Mandeln und die Äpfel auf den Teig gelegt.
Zum Schluß wird die Marmelade darübergestrichen.
Im vorgeheizten Backofen wird der Kuchen 35 bis 40 Minuten lang bei 200–250° gebacken.
Und wer wird Mandelkönig?
Diejenigen Kinder, die eine Mandel erwischt haben, dürfen ein neues Spiel vorschlagen.

Reicht den Apfelkuchen her!
Wer wird Mandelkönig? Wer?
Weiche Äpfel, harter Kern,
den suchen alle Kinder gern.

Auf diesen Grundteig können auch andere Obstsorten, z.B.
Birnen, Pflaumen, Brombeeren...
gelegt werden.
Die angegebenen Marmeladensorten passen auch zu anderen Früchten.

Apfeljoghurt mit Nuß

Wir schälen und reiben pro Kind einen großen Apfel und vermischen ihn mit zwei Eßlöffeln Joghurt und einem Löffel Honig. Eine Walnuß oder Haselnuß kann den „Apfelberg" krönen.

Vom Segen der Kartoffel

Das Ursprungsland der Kartoffel ist Peru. Auf verschiedenen Wegen ist die Kartoffel seit der Entdeckung Amerikas nach Europa gekommen. Der englische Seefahrer Francis Drake brachte sie 1581 nach England. Aber schon 25 Jahre vorher hatten spanische Schiffe neben ihrer Goldbeute auch Kartoffeln als Reiseproviant an Bord.

Die Kartoffel hatte es nicht leicht, sich bei uns durchzusetzen. Friedrich der Große griff zu einer List, um den Anbau der Kartoffeln zu fördern. Er ließ die Kartoffelfelder im Herbst zum Schein von Soldaten bewachen, um „dem Diebstahl der edlen Frucht zu wehren".

Da gruben die neugierigen Bauern heimlich nachts die Kartoffeln aus, um sie dann selbst anzubauen.

Die Kartoffel ist eine sehr gesunde und bekömmliche Frucht. Sie enthält außer Kohlehydraten und Eiweiß Kalzium, Phosphor, Eisen und die Vitamine A, B1, B2, C. Die schonendste Zubereitung ist das Dämpfen (Backen) mit der Schale.

Geschälte Kartoffeln sollten nie lange im Wasser liegenbleiben.

Seit Jahrhunderten genießt die Kartoffel hohe Wertschätzung.

Matthias Claudius (1740–1815) stimmt zum Beispiel in den Lobgesang über die Kartoffel ein mit seinem Kartoffellied: „Pasteten hin, Pasteten her..."

Schön rötlich die Kartoffeln sind
und weiß wie Alabaster!
Sie verdaun sich lieblich und geschwind
und sind für Mann und Frau und Kind
ein rechtes Magenpflaster.

Noch eine wichtige Sachinformation zum Schutze unserer Kinder: Die Kartoffel gehört zu den Nachtschattengewächsen, deren oberirdische kleine grüne Früchte sehr giftig sind. Diese Tatsache hat die Einführung der Kartoffel in Europa zu Anfang erschwert. Man hielt die Früchte für eßbar und verschmähte die unterirdischen Knollen. Als sich Vergiftungserscheinungen einstellten, wurde der Kartoffelanbau nicht weiter betrieben. Aber nach den Hungerjahren in Deutschland um 1770 setzte sich diese nahrhafte Frucht überall durch.

In den Notzeiten der beiden Weltkriege haben viele Menschen nur durch die Kartoffel überleben können.

Ein kleines „Kartoffelfest"

Die Kartoffel bietet alle Voraussetzungen für eine gesunde Ernährung. Wir können in einer Kindergruppe im Herbst bei der Vorbereitung zum Erntedankfest viele gemeinsame Aktivitäten rund um die Kartoffel entwickeln. Durch phantasievoll zubereitete Kartoffelgerichte können wir zusammen mit den Kindern einen ganz neuen Zugang zu dieser wichtigen gesunden Knollenfrucht gewinnen.

Wenn wir bei einem „Kartoffelfest" den Tisch festlich geschmückt haben (mit Kartoffeldruck können Tischdecken, Tischkarten und Servietten verziert werden), können wir eine kleine Schale mit Reis in die Mitte stellen. Viele Menschen in der Welt haben einen ganzen Tag lang nur eine solche Schale Reis zum Essen und oft nicht sauberes Wasser zum Trinken und müssen dabei schwer arbeiten.
Wie gut geht es uns – welche Vielfalt von Nahrungsmitteln umgibt uns! So kann der Blick auf die Situation der Menschen in der Dritten Welt gelenkt werden und die Geschichte von der Speisung der Fünftausend – vom Teilen und Helfen – erzählt werden... und alle wurden satt (siehe Seite 71).

Kartoffeln im silbernen „Königsmantel"

Wir bürsten pro Person 1 bis 2 Kartoffeln unter fließendem Wasser gut ab. Dann vermischen wir Salz, Kümmel und Pfeffer (eventuell auch Oregano) und streuen die Gewürzmischung auf viereckige Folienstücke, die wir innen mit Öl bestreichen.
Dann wickeln wir die Kartoffeln ein. Im vorgeheizten Backofen backen wir die Kartoffeln auf dem Rost etwa 35 bis 50 Minuten bei 220°. Beim Essen reichen wir verschiedene Soßen, die allein schon von der Farbe her die Kinderaugen erfreuen werden.

Gelbe Senf-Sahnesoße „Goldener Herbst"

Zutaten: Fünf Eßlöffel Sahne, fünf Eßlöffel Joghurt, 2–3 Eßlöffel Senf, Saft von 1/2 Zitrone, 1 Eßlöffel Honig, etwas Pfeffer.

Alle Zutaten verrühren, mit Dill oder Petersilie garnieren.

Grüne Soße „Kräuterfee"

Zutaten: 1 Becher Creme fraîche oder Sahnejoghurt oder 1/2 Pfd. Quark, mit Milch cremig gerührt, 2 Eigelb, etwas Kräutersalz, Schnittlauch, Zitronenmelisse, Kresse (selbstgezogen), Dill, eventuell die zarten inneren Blätter vom Huflattich, 2 Eßlöffel Honig.

Alle Zutaten mit den kleingehackten Kräutern gut vermischen.

Rote Soße „Tomatentraum"

Zutaten: 1 Paket passierte Tomaten, 1 Eßlöffel Honig, 1 rote Paprika, 1 Zwiebel, 1 Knoblauchzehe, etwas Salz und Pfeffer, 2 Eßlöffel Olivenöl, einige Eßlöffel Gemüsebrühe.

Die kleingeschnittene Zwiebel, Paprika und Knoblauch mit der Gemüsebrühe köcheln lassen, zum Schluß die passierten Tomaten zugeben.

Kartoffelsuppe „Erntedank"

Für eine große Kindergruppe eignet sich als Erntedankspeise sehr gut eine Kartoffelsuppe.
Zutaten: 4 Kartoffeln, 4 gelbe Rüben, 1 Stange Lauch, 1 kleine Sellerieknolle, 1 Zwiebel, 1 Knoblauchzehe, 1 1/2 bis 2 l Gemüsebrühe (Brühwürfel), 4 Eßlöffel Sahne, 30 g Butter, zum Bestreuen gehackte Petersilie oder Schnittlauch, Hefewürze.

In der heißen Butter das zerkleinerte Gemüse dünsten, die rohen, würflig geschnittenen Kartoffeln zugeben.
Dann wird die Brühe zugegossen, alles weichgekocht und mit Hefewürze, Salz, Pfeffer abgeschmeckt.
Am Schluß wird die Sahne hinzugefügt.
Die Suppe kann über geröstete Semmelwürfel (Vollkornsemmel) angerichtet werden.

Kreisspiel zum Erntedank

Gemeinsames Lied, auch als Kanon zu singen, auf die Melodie „Lobet und preiset, ihr Völker, den Herrn".

Alle Gaben hat Gott uns geschenkt,
hat uns aus Liebe beschützt und gelenkt.
Laßt uns alle danken dafür.

Die Kinder sitzen im Stuhlkreis. Jeder hat einen bestimmten „Erntedankgegenstand" auf dem Schoß, z.B. Brot, Eier, eine Kanne Milch, Äpfel, Birnen, Bananen, Schuhe, Pullover oder andere Kleidungsstücke aus Wolle oder Baumwolle. Ein Kind geht im Kreis herum und fragt die einzelnen Kinder nach ihren „Gaben". Die Kinder antworten dann gemäß ihren Gaben. Die nebenstehenden Schlußzeilen können alle mitsprechen oder singen:

Sonne, Wind und Regen
schickt Gott mit seinem Segen.

Am Schluß des Spiels wird das gemeinsame Lied (Kanon) wieder auf die Melodie: „Lobet und preiset..." gesungen.

So viele Gaben, wir werden stets satt,
denkt dran, daß manches Kind Hunger noch hat.
Danken und teilen, Gott, hilf dazu.

Ein Kind geht im Kreis herum und fragt das Kind, das das Brot auf dem Schoß hat:

Woher bist du, Brot, gekommen?

Antwort: Mich hat der Bäcker gemacht,
der Müller hat das Mehl gebracht,
der Bauer hat das Korn gesät,
der Wind hat drüber hingeweht.
Die Halme schwankten hin und her,
die Ähren trugen Körner schwer ...

Alle: Sonne, Wind und Regen
schickt Gott mit seinem Segen.

Kind: Woher bist du, Apfel, gekommen?

Antwort: Der Apfelbaum hat mich getragen,
ich wuchs und wuchs an vielen Tagen.
Ich lag in der Blüte tief im Traum,
da sah ich mich dick und reif hoch im Baum.
Die Sonne warm vom Himmel lacht
und hat mich rot und süß gemacht.

(Dieselbe Strophe paßt auch für Birnen und Pflaumen, nur jeweils abgeändert in Birnbaum, gelb und süß und Pflaumenbaum, blau und süß.)

Alle: Sonne, Wind und Regen
schickt Gott mit seinem Segen.

Kind: Woher bist du, Milch, gekommen?

Antwort: Der Bauer melkt die große Kuh,
die sagt ganz laut: „Muh, muh, muh".
Die Kuh auf der Weide frißt frisches Gras,
das macht der gute Regen naß.
Die Kuh gibt Milch bei gutem Futter,
draus machen wir Käse und Quark und Butter.

Alle: Sonne, Wind und Regen...

Kind: Woher bist du, Ei, gekommen?

Antwort: Die braune Henne Gackelei,
die legt fast jeden Tag ein Ei.
Sie scharrt so gern im grünen Gras
und findet auch im Hofe was.
Ihr Schnabel pickt und steht nicht still,
weil sie uns Eier schenken will.

Alle: Sonne, Wind und Regen...

Kind: Woher bist du, Banane, gekommen?

Antwort: Ich wuchs im fernen Land am Meer,
mich trug ein großes Frachtschiff her.
Viel Sonne brauch' ich zum Gedeihn,
man pflückt mich grün und packt mich ein.
Ich glaub', ich schmeck' euch allen sehr,
denn schnell ist meine Schale leer.

Alle: Sonne, Wind und Regen...

Kind: Woher bist du, Schuh, gekommen?

Antwort: Ich sah so manche fleiß'ge Hand,
ich sag's dir gern, wie ich entstand.
Von Tieren kam das Leder her,
das Gerben, Färben, das war schwer.
Zum Schneiden, Nähen dann uns dienen
so viele Menschen und Maschinen.

Alle: Sonne, Wind und Regen...

Kind: Woher bist du, Pullover, gekommen?

Antwort: Das Schaf, das gab die Wolle her,
das Scheren, Spinnen, Stricken ist schwer.
Auch Strümpfe, Decken und Gardinen
bereiten die Menschen und Maschinen.
Wir wolln auch an die Pflanzen denken,
die uns die gute Baumwolle schenken.

Alle: Sonne, Wind und Regen...

Es ist ratsam, daß jüngere Kinder jeweils nur zwei Zeilen der Antwortstrophen sprechen. Deshalb sollten jeweils drei Kinder mit denselben Gegenständen nebeneinander sitzen.

Kindergebete zum gemeinsamen Mahl

Nun laßt uns Gott, dem Herren,
Dank sagen und ihn ehren
für alle seine Gaben,
die wir empfangen haben.
(L. Helmhold)

*

Herr, du schenkst uns Tag für Tag
wieder unser Brot.
Wir nehmen's hin, wir danken dir,
bleib bei uns, lieber Gott.
(Volksgut)

*

Alle guten Gaben,
alles, was wir haben,
kommt, o Gott, von dir.
Dank sei dir dafür. *(Volksgut)*

*

Segne, Vater, diese Speise,
uns zur Kraft und dir zum Preise.
Wir bitten, Herr, sei unserm Haus
ein steter Gast, tagein, tagaus,
und hilf, daß wir der Gaben wert,
die deine Güte uns beschert.
(Volksgut)

*

Segne, Herr, uns und diese Gaben,
die wir mit Dank
von deiner Güte
und der Liebe von Menschen
empfangen.

Lieber Gott, jeden Tag ist unser Tisch
so reich gedeckt.
Wir haben genug Brot und Butter,
Milch und frisches Obst und Gemüse.
Ich habe noch nie richtig schlimmen
Hunger gehabt.
Hilf uns, daß wir auch an die vielen
Menschen denken,
die nicht richtig satt werden,
und mit denen teilen,
die unter uns nicht genug zu essen
haben.

*

Lieber Gott, wir sitzen alle um den
Tisch.
Schenk uns Ruhe und Frieden,
daß wir uns an deinen Gaben stärken
können.
Laß uns essen ohne Hast
und gib uns gute Gespräche.
Herr, segne uns und unser Mahl.

„Es klappert die Mühle“

Es klappert die Mühle am rauschenden Bach,
klipp, klapp.
Bei Tag und bei Nacht ist der Müller stets wach,
klipp, klapp.
Er mahlet das Korn zu dem täglichen Brot
und haben wir dieses, so hat's keine Not.
Klipp, klapp, klipp, klapp, klipp, klapp.

Die Kinder stehen im Kreis und klatschen bei „Klipp, klapp“ im Takt mit.

Die Flügel, die drehn sich im Sturm und im Wind,
hui ho,

Kinder drehen die Arme wie Mühlenflügel.

dann laufen die Räder nochmal so geschwind,
hui ho.

Kinder stampfen mit den Füßen auf der Stelle.

Es rieselt das Mehl in die Säcke hinein,

Kinder laufen in kleinen Trippelschritten im Kreis herum.

dann backen die Bäcker die Brötchen uns fein.

Während des Laufens formen die Kinder mit den Händen die Brötchen.

Bick, back, bick, back, bick, back.

Wir wollen auch fleißige Bäcker heut sein,
bick, back,
wir schütten das Mehl in die Schüssel hinein,
bick, back.
Die Butter, den Zucker, die Eier geschwind,
schon duftet es lecker, es freut sich das Kind.
Bick, back, bick, back, bick, back.

Kinder backen pantomimisch, schütten das Mehl in die Schüssel, rühren, probieren den Teig, streichen sich den Bauch.

Manuel, der kleine Schuhputzer aus Südamerika

Heute ist Manuel ganz früh aufgewacht. Die Mutter und die fünf Geschwister schlafen noch. Der kleine José und Rafael, mit denen er die durchgelegene Matratze teilen muß, sind in der Nacht so unruhig gewesen. Immer wieder hat José sich herumgeworfen, und Rafael hat schon wieder Durchfall. Sein Bauch fühlt sich dick und gequollen an. Manuel streicht dem kleinen Bruder über den dunklen Lockenkopf.

Gegen Morgen hat es angefangen zu regnen. Platsch, platsch, tropft es durch das undichte Blechdach der kleinen Hütte am Rande der großen Stadt. Vorsichtig steht Manuel auf. Im Dunkeln tastet er nach seinem Schuhkasten und dem kleinen Hocker. Das ist sein ganzer Schatz.

Wehe, wenn eines der kleinen Geschwister den Deckel öffnen würde! Manuel hütet sorgsam die verschiedenen Schuhcremedosen und die Sammlung von Schnürsenkeln.

Er kaut langsam an dem Stück Maisfladen, das ihm gestern ein Bäcker zugesteckt hat. Dann nimmt er einen großen Schluck kaltes Wasser aus dem Eimer. Manuel hat gestern den Eimer Wasser aus dem großen Brunnen unten am Berg hochgeschleppt. Sauberes Leitungswasser hat niemand hier in den Wellblechhütten nahe am Rand der großen Müllkippe.

Draußen pfeift sein Freund Felipe. „Beeil dich!“ ruft Felipe, „mein Vater fährt heute mit dem Eselskarren in die Stadt. Wir dürfen uns hinten auf die Kartoffelsäcke setzen. Den Berg rauf müssen wir schieben, aber abwärts geht es dann ganz toll!“

Manuel freut sich. Nun sind sie bestimmt eine halbe Stunde früher auf dem Marktplatz! Das lohnt sich, weil die Señores oft schon ganz früh ins Büro gehen. Und frühmorgens kommen auch schon manchmal Touristen und fotografieren die kunstvoll aufgetürm-

In vielen Kindergärten und Gemeinden werden zum Erntedankfest Initiativen entwickelt, durch die die Not der Menschen in anderen Ländern gelindert werden soll (Kindernothilfe, Brot für die Welt, Caritas ...)
Ich habe in den bisher erschienenen Büchern dieser Reihe Geschichten angeboten, die helfen können, das Verständnis für Kinder aus anderen Ländern zu fördern.
An dieser Stelle möchte ich die Geschichte eines kleinen Schuhputzers aus einem Land in Südamerika erzählen.
Teilen und Helfen – dieser Grundgedanke führt dann nach dem Erntedankfest weiter auf das Fest des Heiligen Martin zu.

ten Obststände und das Portal der großen alten Kirche.
Der Regen hat aufgehört, hell leuchtet die Sonne durch die Wolken.
„Limpiar zapatos!“ schreit Manuel, und schon hat er den ersten Kunden erwischt. Er rückt den Schemel vor der Bank auf dem Kirchplatz zurecht. Geschickt hantiert er mit Lappen und Bürste. „Gracias, Señor!“ ruft er und läßt das Trinkgeld in seiner Tasche verschwinden.
Da hält ein großer Touristenbus vor der Kirche. „Das sind Alemanes, Deutsche!“ ruft Felipe. „Hör mal, die sprechen so wie die Schwestern in der Sozialstation! Du, die Schwester Ursula hat uns doch auf Deutsch beigebracht, wie das heißt: ‚Bitte, Schuhputzen!‘“
Die Touristen wenden sich lachend nach den beiden dunkelhaarigen Jungen um. „Na, dann man los“, rufen ein paar ältere Herren. „An unseren Schuhen klebt der Dreck von hundert Landstraßen!“
Gegen Mittag zählt Manuel ganz stolz die vielen Münzen in seiner Hosentasche. Und einen großen Schein und zwei Tüten mit Kaugummit hat ihm eine blonde Frau noch zugesteckt.
„Nun kann Mutter den Geschwistern genug Mais und Gemüse für eine ganze Woche kaufen“, denkt Manuel. „Und vielleicht noch ein kleines Huhn dazu! Ich eß’ mich nachher bei den Schwestern wieder so richtig satt, daß ich abends nicht mehr Hunger habe. Dann brauch’ ich nicht so viele Mateblätter zu kauen und Zigarettenkippen zu sammeln!“
Er stößt Felipe in die Seite. „Toll, daß wir nachmittags zu den Schwestern gehen können! Und wenn der Anbau erst fertig ist, darf ich auch die kleineren Geschwister mitbringen“, ruft Manuel. „Dann lernen die auch viel früher lesen und schreiben als ich. Qué bien! Heute ist ein richtiger Glückstag für uns!“
Vergnügt nehmen die beiden die Schuhkästen unter den Arm und klappern die Straße hinunter, bis die weißen Mauern der Sozialstation auftauchen.

Spiellied von fleißiger Arbeit und vom Teilen

Nach der Melodie „Wer will fleißige Handwerker sehn ...“ zu singen

Wer will fleißige Handwerker sehn,
der muß zu uns Kindern gehn.
Wir säen fein, wir säen fein
das Korn hier in den Acker ein.

Pantomimisch werden die einzelnen Bewegungen ausgeführt.

Wer will fleißige Bauern sehn,
der muß zu uns Kindern gehn.
Wir schaun aufs Feld, wir schaun aufs Feld,
es wächst, ist alles wohlbestellt.

Wer will fleißige Bauern sehn,
der muß zu uns Kindern gehn.
Der Mähdrescher schneidet und drischt zugleich,
die Säcke stehn gefüllt vor euch.

Pantomimisch werden das Schneiden des Korns, das Dreschen und das Aufstellen der Säcke vorgespielt.

Wer will fleißige Bauern sehn,
der muß zu uns Kindern gehn.
Zur Mühle nun, zur Mühle nun,
der Müller, der hat viel zu tun.

Pantomimisch werden die Säcke zur Mühle geschleppt.

Wer will fleißige Bäcker sehn,
der muß zu uns Kindern gehn.
Knetet fein, knetet fein,
das Brot schiebt in den Ofen rein!

Und wir laden alle ein
heut bei uns zu Gast zu sein,
teil', das Brot, ich geb' es dir,
teil das Brot und gib es mir!

Hieran kann eine gemeinsame Mahlzeit angeschlossen werden.

Das Lied von Harry Hamster

Dieses Spiellied von den geizigen Hamstern und vom Teilen wird nach der Melodie „Ein Vogel wollte Hochzeit machen…“ gesungen.

Seht euch den Harry Hamster an,
wie er die Körner schleppen kann.
Hamstert mehr und mehr,
das gefällt ihm sehr.
Und sein Haus, das ist bald voll.

Seht euch die Herta Hamster an,
wie sie die Körner schleppen kann.
Hei – ist das nicht toll,
seht – das Haus ist voll,
und sie gräbt ein neues Loch.

Seht euch den Harry Hamster an,
wie er die Körner schleppen kann.
Er läuft hin und her,
hamstert immer mehr,
und er gräbt ein neues Loch.

Der Hamster und die Hamsterfrau,
die haben vollgefüllt den Bau.
Nun die Betten noch
in dem letzten Loch,
die stopfen sie ganz voll.

„Nun haben wir ein volles Haus,
ganz lang reicht unser Winterschmaus.
Für uns ganz allein,
nun kann es schnein,
und uns wird es gut ergehn!“

Da klopft ans Haus die arme Maus.
„Wir rücken ihr kein Korn heraus.
Stopf dir selbst das Maul!
Warum warst du faul?
Selberessen, das macht fett!“

Da fegt heran der kalte Wind.
„Wir kriechen in das Haus geschwind!"
Doch o Schreck, o Graus,
übervoll das Haus.
Ist kein Plätzchen mehr dort frei.

Ihr dicken Hamster, hört doch her,
ihr hamstert, sammelt immer mehr.
Gebt was ab der Maus,
rückt die Körner raus!
Dann ist endlich Platz im Haus.

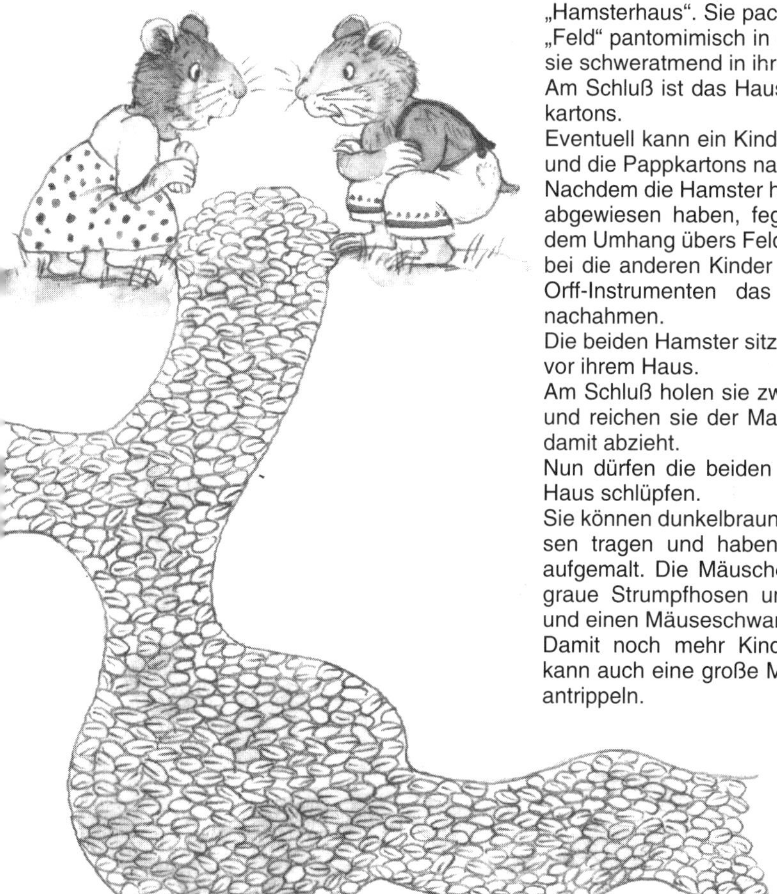

Es bietet viele Möglichkeiten zur Gestaltung. Auf große Bögen können die Kinder die Hamster und das Hamsterhaus mit den vielen kleinen Gängen und Vorratskammern malen. Die Szene mit dem bittenden Mäuschen bietet auch dankbare Gestaltungsanreize. Die Bilder werden rings im Raum aufgehängt, und während die Kinder das Spiellied singen, kann ein Kind wie ein „Moritatensänger" mit dem Zeigestock von Bild zu Bild gehen und auf die entsprechenden Szenen hinweisen.
Für ein Bewegungsspiel kann ein Tisch mit einer Decke verhängt werden. Die Hamster schleppen ihre gehamsterten Schätze in ihr „Hamsterhaus". Sie packen die Körner auf dem „Feld" pantomimisch in große Pappkartons, die sie schweratmend in ihren „Bau" tragen.
Am Schluß ist das Haus vollgestopft mit Pappkartons.
Eventuell kann ein Kind unter dem Tisch sitzen und die Pappkartons nach vorn schieben.
Nachdem die Hamster höhnisch die arme Maus abgewiesen haben, fegt ein Kind mit wehendem Umhang übers Feld und um das Haus, wobei die anderen Kinder mit dem Mund und mit Orff-Instrumenten das Heulen des Windes nachahmen.
Die beiden Hamster sitzen zitternd und heulend vor ihrem Haus.
Am Schluß holen sie zwei Pappkartons heraus und reichen sie der Maus, die freudestrahlend damit abzieht.
Nun dürfen die beiden Hamster endlich in ihr Haus schlüpfen.
Sie können dunkelbraune Pullis und Strumpfhosen tragen und haben dicke Backentaschen aufgemalt. Die Mäuschen tragen graue Pullis, graue Strumpfhosen und haben Mäuseohren und einen Mäuseschwanz umgebunden.
Damit noch mehr Kinder mitspielen können, kann auch eine große Mäuseschar bittend herantrippeln.

Lied vom Weizenkorn

Text: Barbara Cratzius
Musik: Ludger Edelkötter

Da trippelt rasch die Maus herbei;
wer hat das Korn vergessen?
Mein Hunger, der ist gar so groß,
ich muß dich ganz schnell fressen.
Gar so groß, ich muß dich ganz schnell fressen,
gar so groß, ich muß dich ganz schnell fressen.

Ach, liebe Maus, ich bitte dich,
laß mich doch einfach liegen.
Im Sommer wirst du dann von mir
viel reife Körner kriegen.
Dann von mir viel reife Körner kriegen,
dann von mir viel reife Körner kriegen.

Mit deinen Kindern kannst du dann
noch lang den Hunger stillen.
Dem Bauern werd' ich Jahr für Jahr
die schweren Säcke füllen.
Jahr für Jahr die schweren Säcke füllen,
Jahr für Jahr die schweren Säcke füllen.

Da schaut die Maus das Körnchen an,
die Sommerwinde wehen.
Siehst du im gelben Weizenfeld
die hohen Halme stehen?
Weizenfeld die hohen Halme stehen,
Weizenfeld die hohen Halme stehen.

Das kleine Korn sprießt mittendrin,
es wächst wie seinesgleichen.
Bald wird es uns zum Erntefest
die vollen Ähren reichen.
Erntefest die vollen Ähren reichen,
Erntefest die vollen Ähren reichen.

Die Kinder können das Lied pantomimisch begleiten. Der Text ist auch als Fingerspiel einsetzbar.

Wir feiern Erntedank in der Kirche

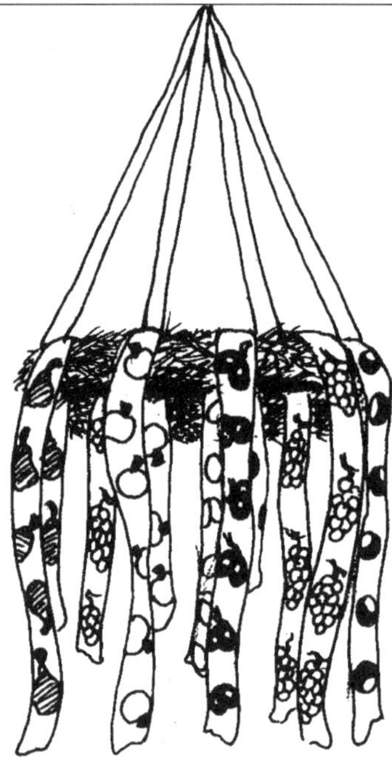

Ich möchte eine Tradition weitergeben, die bei Tauffesten oft in der Heikendorfer Kirche gepflegt wird.
Über dem Taufbecken hängt ein mit weißem Stoff umwickelter Holzkranz. An dem Kranz sind viele weiße Bänder befestigt, auf die Kindergottesdienstkinder in bunten Farben ihre Glückwünsche gemalt und geschrieben haben, z.B.: „Wir wünschen dir Gottes Segen... viel Sonne und viel Glück..."
Vor der Taufe gehen die Kinder singend mit einem Band vom Kranz in der Hand um den Taufstein herum.
Der Brauch vermittelt eine fröhliche, festliche Grundstimmung. Diese Sitte können wir bei einer Erntedankfeier im kirchlichen Rahmen oder im Kindergarten übernehmen.
Die Kinder malen oder drucken (Kartoffeldruck, Korkendruck) in bunten Farben auf lange weiße Stoffbahnen die Früchte des Herbstes: Pflaumen, Hagebutten, Äpfel, Weintrauben, Kornähren, Kastanien...
Der Kranz mit diesen langen Bändern kann über dem „Erntetisch" mit den Erntegaben aufgehängt werden.
Nun nehmen die Kinder ein Band in die Hand, wandern singend um den Tisch herum und singen nach der Melodie „Wollt ihr wissen, wollt ihr wissen..." das Lied:

Wollt ihr wissen, wollt ihr wissen,
was wir alles Gutes ernten?
Roggen, Weizen, Hefe, Gerste,
guter Gott, wir danken dir!

Wollt ihr wissen, wollt ihr wissen,
was wir alles Gutes ernten?
Äpfel, Birnen, Pflaumen, Nüsse,
guter Gott, wir danken dir.

Wollt ihr wissen, wollt ihr wissen,
was wir alles Gutes ernten?
Süße Trauben und Tomaten,
guter Gott, wir danken dir.

Wollt ihr wissen, wollt ihr wissen,
was wir alles Gutes ernten?
Auch Kastanien und die Eicheln,
guter Gott, wir danken dir.

Gott, du schenkst uns viele Jahre,
wieder gute, reiche Ernte?
Und wir wollen's nicht vergessen.
Lieber Gott, wir danken dir!

Brot und Wasser – welch kostbare Gaben

Frei erzählt nach einem Märchen aus Lateinamerika

Vor langer Zeit saß ein armer Feldarbeiter im Schatten eines Apfelbaumes. Er hatte den ganzen Tag hart für seinen Herrn gearbeitet und war müde und unzufrieden.	Schläge mit Holzstäben.
„Tag für Tag muß ich mich für meinen Herrn plagen“, dachte er. „Und trotzdem verdiene ich so wenig. Die Reichen aber sind faul und machen sich ein schönes Leben.“	Erneut harte Schläge von Holzstäben.
Da stand plötzlich ein kleines Männchen vor ihm. „Ich habe gehört, wie du jammerst“, sagte es. „Ich will dir einen Wunsch erfüllen. Aber überlege es dir gut!“ „Was soll ich lange überlegen“, sagte der Arme. „Ich wünsche mir, daß alles, was ich anfasse, zu Gold wird!“	Triangel
„Du bist ein Narr!“ schrie das Männchen, „aber dein Wunsch wird erfüllt werden.“ Dann war es verschwunden.	Paukenschlag
Der Feldarbeiter sprang auf und griff nach dem Apfel, der über ihm hing. Der verwandelte sich auf der Stelle in pures Gold.	Glockenspiel
„Nun hat alle Not ein Ende“, schrie er und rannte nach Hause. Er berührte die Tür seiner Hütte – da wurde sie zu Gold.	Glockenspiel, mehrstimmig.
Er strich über die Pfosten und Fensterbänke. Golden strahlten sie ihm entgegen.	Glockenspiel, mehrstimmig.
Teller und Tassen, Schüsseln, Messer und Gabeln und Krüge, alles, was er in die Hand nahm, wurde zu Gold. Die ganze Hütte strahlte, daß er fast die Augen schließen mußte vor lauter Glanz. Inzwischen war er hungrig und durstig geworden. Er öffnete die Schranktür und nahm das Brot heraus.	Glockenspiel, vielstimmig, länger ausgespielt.
Aber – o Schreck – in seiner Hand hielt er einen Klumpen Gold. Als er aus dem Krug trinken wollte, erstarrte das Wasser, sobald er den Krug berührte.	Paukenschlag
In seiner Angst und Not schrie er nach dem Männchen. Aber niemand hörte ihn.	Harte Schläge von den Holzblöcken.

Das Spiellied vom Jahr des Baumes

Text: Barbara Cratzius
Musik: Ludger Edelkötter

Kehrvers: Lieber Gott, ich bitte dich,
laß du wachsen, reifen mich
wie ein Baum in guter Erde,
daß ich groß und stark einst werde.
Gute Früchte möcht' ich bringen,
laßt uns danken, loben, singen!

Dieser Text kann zu Anfang oder am Schluß einer Strophe gesprochen werden.

Baum, du Frühlingsbaum,
recke deine Zweige,
sprieße, grüne, Blatt um Blatt,
blühe, lieber Baum!

Baum, du Sommerbaum,
strecke deine Wurzeln,
sauge Leben aus der Tiefe,
wachse, lieber Baum!

Baum, du Erntebaum,
trage reiche Früchte,
neues Leben, guten Kern,
reife, lieber Baum!

Baum, du Winterbaum,
durch die kahlen Äste
läßt du hell den Himmel sehn,
warte, lieber Baum!

Für Erntedankfeiern können wir aus diesem Lied vom Baumjahr ein kleines Spiel entwickeln. Mehrere Kinder stellen sich Rücken an Rücken im Innenkreis zum „Baum“ zusammen. Die anderen Kinder bilden um den Baum herum einen Kreis.
Die Kinder tanzen während des Kehrverses im Kreis um den „Baum“ herum. Die Baumkinder spielen pantomimisch die Wuchsformen des Baumes in den verschiedenen Jahreszeiten durch.

1. Strophe: Die Baumkinder ducken sich zur Hocke und wachsen langsam höher.

2. Strophe: Die Baumkinder recken sich. Sie können grüne Papierblätter tragen, die sie hin- und herschwingen lassen.

3. Strophe: Die Baumkinder recken und strecken sich. Sie können weiße Blüten in der Hand tragen und sie hin- und herschwingen lassen.

4. Strophe: Die Baumkinder tragen bunte Früchte aus Pappmaché oder Pappe und schwingen sie hin und her.

5. Strophe: Die Baumkinder stehen unbeweglich mit leeren Händen und gestreckten Fingern, „als ob sie warten“.

Gebet

Guter Gott!
Du hast uns die Augen geschenkt, daß wir alle deine Wunder,
die Bäume, die vielen Tiere und Pflanzen,
die Wolken am Himmel sehen können.
Du hast uns Ohren geschenkt, daß wir alle deine Wunder,
die hellen Vogelstimmen, das Rauschen der Wellen,
das Brausen des Windes hören können.
Du hast uns Glieder geschenkt,
daß wir laufen und springen können.
Du hast uns einen Mund geschenkt,
daß wir miteinander reden können.
Du hast uns Herz und Seele und Verstand geschenkt,
daß wir die Wunder deiner Welt entdecken können.
Wir möchten, Herr, dir danken.
Hilf uns, daß wir deine gute Erde erhalten
und beschützen! Amen.

Kanon (am Morgen)

Nach der Melodie: „Meister Jakob …"

Laßt uns danken,
laßt uns singen,
Gott dem Herrn, Gott dem Herrn,
heut und alle Morgen, (oder: Du kennst unsre Wege, Du kennst unsre Wege)
heut und alle Morgen!
Dank sei Gott!
Dank sei Gott!

Erntedankkanon

Nach dem Kanon: „Lobet und preiset, ihr Völker, den Herrn …"

So viele Gaben, wir leiden nicht Not.
Wir wollen danken für Früchte und Brot.
Segne und schütze uns, großer Gott!

Schmuck für Erntedankfeiern

Herbststräuße, Erntedankkranz, Herbstfrüchte aus Pappmaché

Für die Erntedankfeiern im Kindergarten können wir mit den Kindern vielfarbige bunte *Herbststräuße* (in Anlehnung an die österlichen Palmbuschen) binden. Das Ausgangsmaterial sind Strohblumen, Maisblätter und Maiskolben, gesammelte Kornähren, schöne buntgefärbte Blätter und Zweige, Heidekraut, die wunderschönen roten Lampionblumen und Gräser und Zweige mit Beeren.
Mit farbigem Bast binden die Kinder die Sträuße zusammen. Als *Tischschmuck* werden sie in verschieden hohe Gefäße (Marmeladengläser, Kaffeedosen usw.) gestellt. Die Gefäße können mit einfarbigem Stoff (Jute) bezogen werden. Darauf kleben die Kinder Herbstfrüchte (Äpfel, Birnen, Trauben) aus Filz. Die Gefäße können auch mit Gipsdruck verziert werden. Dazu tupfen die Kinder den Gips mit den Fingern auf. Dadurch wirken die Gefäße wie getöpfert. Nach dem Trocknen können sie mit Plakafarbe angemalt werden.
Für einen Erntedankgottesdienst in der Kirche tragen die Kinder ihre Sträuße an langen Holzstäben herein. Die Sträuße können auch auf einem großen Strohkranz zu einem *Erntedankkranz* zusammengebunden werden (siehe Abbildung).
Ein sehr dekorativer und haltbarer Schmuck für die herbstlichen Steckensträuße sind *Herbstfrüchte aus Pappmaché*. Es macht kleineren Kindern viel Spaß, Zeitungspapier in Streifen oder Stücke zu reißen, mit Tapetenkleister zu bestreichen und damit Schicht für Schicht aufzutragen, bis die Form eines Apfels, einer Zitrone, Birne, Traube, Paprika, Gurke entstanden ist. In Bastelläden gibt es auch Pappmaché in Pulverform zu kaufen. Bei den Arbeiten mit Pappmaché sollte die Umgebung sorgfältig abgedeckt werden. Mit wischfester Vorstreich- oder Plakafarbe malen wir die Früchte an. Am Schluß werden sie mit Klarlack überzogen.

(Nach Ideen von M. Schacherbauer)

Erntebäume

Ein bunter Schmuck für den Altar am Erntedankfest läßt sich aus einem schön geformten, etwa 1 bis 1,5 m langen knorrigen Ast herstellen.
Der Ast wird in einen hohen braunen Eimer oder Tontopf, gefüllt mit Sand, gestellt. Darauf könnt ihr schön geformte Steine legen. Dann drückt ihr eine große Styroporkugel auf den Ast und schmückt sie mit den Früchten des Herbstes: Kastanien, Strohblumen, Ähren, Laub usw.
Manche Früchte lassen sich auf Zahnstochern befestigen, andere werden mit starkem Blumendraht umwickelt und dann in die Kugel hineingespießt.
Bunte Schmuckbänder, Samtbänder, Bordüren, die lang an dem Stamm herunterhängen, schmücken den Erntedankbaum.

Collagenbilder für die Erntedankzeit

Aus einer großen Käseschachtel (Durchmesser etwa 24 cm) können wir mit den Kindern reizvolle Collagen für die Erntezeit herstellen.
Von Feldrändern sammeln wir Kornähren und Gräser. Aus Vlisseline (Vivellepapier) schneiden wir die Form von Äpfeln, Birnen, Trauben, eventuell auch einen Weinkrug, Vogel oder Schmetterling aus und kleben sie schön angeordnet in die Schachtel hinein.
Eine gelbe leuchtende Herbstsonne aus Pfeifenputzern steht über dem Herbstbild. Rings um den Rand der Käseschachtel wird eine Schmuckkordel aus brauner Wolle gelegt, festgeklebt und eine Schleife zum Aufhängen durch den Rand der Schachtel gezogen.
Diese Käseschachteln bilden in der Erntezeit einen wunderschönen Raumschmuck für den Kindergarten. *Idee: Kindergarten Lenggries*

Erntedanklied
als Tanzlied zu gestalten

Dieses Lied ist als Tanzlied gestaltet und wird nach der Melodie „Sur le pont d'Avignon..." gesungen.

Schritt vor Schritt,
tanzt doch mit!
Kommt – wir reichen uns die Hände.
Schritt vor Schritt,
zieht doch mit!
Alle tanzen rundherum!

Dankt dem Herrn,
dankt dem Herrn
für die Ernte in den Scheunen!
Preist den Herrn,
preist den Herrn,
ihm sei Ehre, Lob und Dank!

Singt dem Herrn,
singt dem Herrn,
er ließ Korn und Früchte reifen!
Singt dem Herrn,
singt dem Herrn,
ihm, dem Schöpfer unsrer Welt!

Bringt nun her
Gaben schwer,
laßt uns Brot und Früchte teilen!
Bringt nun her
Gaben schwer,
deine Ernte segne, Herr!

Kapitel 5: Feste im November

Feste im November – Allerseelen, Totensonntag, St. Martin

Im November mit seinem schwindenden Licht, mit den fallenden, verwesenden Blättern, Zeichen der Vergänglichkeit, gehen unsere Gedanken am Totensonntag (Ewigkeitssonntag im evangelischen Bereich) und an Allerseelen (im katholischen Bereich) zu den Menschen, die nicht mehr bei uns sind.
Wir schmücken ihre Gräber; wir betrachten noch einmal die Fotos und lesen die Briefe unserer Lieben.
„Wenn doch erst der traurige November mit seinen dunklen Tagen vorbei wäre!“ denken viele Menschen. – Es fällt uns schwer, unsere Gedanken auf Tod und Vergänglichkeit zu richten. In unserer leistungsorientierten, aktiven Welt schieben wir die Gedanken an Loslassen, Fallenlassen an die Grenze des aktiven Lebens, weit von uns. Wir schauen nicht gern „an das andere Ufer“ wie der Hirt in dem griechischen Märchen, der gelassen hinüberschaut, dem der Anblick des Todes nah und vertraut geworden ist.
Wir versuchen, den Gedanken an den Tod aus unserem Alltag herauszuhalten. Und doch haben wir Erwachsene fast alle schon ein Stück Trauerarbeit leisten müssen, den Abschied von einem Angehörigen erlebt.
Menschen, die ihren Lebensgrund vom Leben und Sterben Jesu Christi her zu finden versuchen, können Trost finden in den Worten der Bibel: „Der Körper ist begraben“, heißt es bei Paulus, „er ist schwach und häßlich und vergänglich. Aber was zum Leben kommt, das ist unvergänglich, stark und schön“ (1. Korinther 15,43).
Von diesem neuen Leben können wir nur in Bildern reden. „Ich will mit dir sein“, sagt Gott zu Abraham, zu Mose. Gott will uns begleiten in ein neues Land. Sterben nicht als Ende, sondern als Aufbruch in neue Bereiche, in die „himmlische Stadt“, das können wir nicht beweisen, sondern als Gottes Verheißung nur glauben. „Als Glaubende gehen wir unseren Weg, nicht als Schauende. Der Glaube ist eine gewisse Zuversicht dessen, das man erhofft, und ein Nichtzweifeln an dem, das man nicht sieht“ (Hebräerbrief).
Ich möchte eine persönliche Erfahrung anknüpfen. Bei der Begleitung meines sehr geliebten Vaters, der bis zu seinem Heimgang einige Wochen im Krankenhaus lag, habe ich deutlich empfunden, daß der Tod kein dunkles Tor sein wird, dem wir voller Schrecken entgegengehen müssen. Am Tag der ersten ernsten Krise, als der Arzt mir eröffnete, daß mein Vater wohl heimgehen würde, bemerkte ich gegen Abend, daß sich seine Gesichtszüge sehr veränderten. Er lächelte ganz von innen heraus, die Augen waren weit geöffnet und leuchteten. Er sprach ganz deutlich von einem wunderschönen Bild, „ganz in Gold, mit

vielen Engeln und vielen hellen Türmen so wie der Petersdom in Rom, gold, gold..." Dabei schaute er unentwegt auf ein Bild an der Wand des Krankenzimmers. Mich ergriff Angst, und ich redete laut auf ihn ein: „Vati, das ist doch bloß ein helles Frühlingsbild an der Wand, eine Heidelandschaft mit der Sonne darüber." Ich wurde lauter und lauter, bis ich das Gefühl hatte, ihn „zurückgeholt" zu haben. Ganz enttäuscht ließ er sich in die Kissen sinken und meinte: „Ja, ja, du hast ja recht! Jetzt ist das goldene Bild auch weg!"

Wochen später, als er dann friedlich eingeschlafen war, mußte ich immer wieder daran denken, daß mein Vater wirklich ohne Angst, ja fast erwartungsvoll „hinübergeblickt" hatte ans „andere Ufer". Er wollte heimgehen, und so ist er meiner Mutter nach wenigen Monaten nachgefolgt.

In einem Musikwerk über das Leiden und Sterben des Hiob (Zillinger) wird das Leiden und der Schmerz des mit Krankheiten geschlagenen Hiob in aufrührenden Tönen dargestellt – unvergleichlich dann die Auflösung dieser Dissonanzen in den harmonischen Schlußklängen: „Und Hiob starb – alt und lebenssatt." So zu sterben nach einem erfüllten Leben, das ist Gnade.

In unserem Alltag versuchen wir jedoch meist, den Gedanken an den Tod weit von uns zu schieben. Aber wir sollten die Erfahrungen von Schmerz und Tod den Kindern nicht vorenthalten und uns ihren Fragen nicht verweigern.

Wolfgang Longardt schreibt in seinem Buch „Leben im Jahreskreis" (Verlag Herder): „Die Ganzheit und Tiefe menschlichen Lebens und Erlebens erfährt man wohl nur im Auskosten von Höhen *und* Tiefen. Nur so reift der Mensch. Erwachsene leisten Kindern einen schlechten Dienst, wenn sie Schmerzerfahrungen um jeden Preis von den Kindern fernhalten wollen und darauf hoffen, daß kein Todesfall in der Familie oder Bekanntschaft eintreten möge. Kinder, die nie das Trauern lernen, denen nach dem Tod eines Hamsters noch am gleichen Tag ein neuer aus dem Zoogeschäft herbeigeschafft wird, sind übel dran. Manche Eltern bauen um sie eine Scheinwelt auf. Diese Kinder werden daran gehindert, sich mit dem Leben, dem Glück und dem Schmerz auseinanderzusetzen. Sie können nur geringe seelische Kräfte entwickeln, Verkümmerungen, Fehlentwicklungen, Schocks sind geradezu vorprogrammiert."

Für Kinder gehören Greifen und Begreifen zusammen. Gerade bei den Fragen nach dem Tod kann es hilfreich sein, daß wir die Kinder nicht mit Worthülsen abspeisen, sondern etwas Erlebbares, Anschaubares vor ihnen ausbreiten. Dafür sind Zeichen und Symbole eine gute Hilfe.
Von den Feiern zum Erntedankfest haben wir sicher noch Körner übrigbehalten. Weizenkörner brauchen in einer Schale mit Erde oder Torfmull (Wässern nicht vergessen!) etwa 14 Tage, um zu keimen. Dieser Vorgang des Vergehens der alten Keimschale und das Wachsen eines neuen Triebes ist ein schönes, gut nachvollziehbares Bild: Der alte Leib stirbt – neues, ganz anderes Leben wächst empor. Das Weizenkorn muß sterben, um zu leben, heißt es im Johannesevangelium.
So sollte auch der Ort, an dem wir unsere Toten begraben, nicht tabuisiert werden. – Ich erinnere mich gern an den schönen alten Friedhof in meiner Heimatstadt in Pommern. Er lag nicht irgendwo weit draußen vor den Toren der Stadt, sondern er war hineingenommen in den Alltag der Menschen. Er lag dicht an meinem Schulweg, der „Gottesacker", wie ihn meine Großmutter nannte. Ich blieb so gern bei den Kindergräbern stehen und freute mich an den schönen, in Stein gehauenen Engelfiguren mit den weit geschwungenen Flügeln; Kinderengel mit sanften, ernsten Gesichtern waren das, reich mit Blumen geschmückt.
Wir sollten auch mit unseren Kindern,

lange bevor uns ein trauriger Anlaß zu den Gräbern führt, einen Spaziergang zum Friedhof machen. Wir sollten den Kindern sagen, daß dies ein schöner, stiller Ort ist, an dem Menschen ihre Ruhe gefunden haben, die lange krank waren..., die nach einem Unfall ums Leben kamen...
Der Friedhof kann dann im Bewußtsein der Kinder kein Ort des Schreckens sein, sondern ein Ort, in dem Ruhe und Frieden wohnen.
Zu einer Beerdigung aber sollten Kinder frühestens von 10 Jahren an mitgenommen werden. Der Augenblick, in dem der dunkle Sarg in die Erde gesenkt wird, ist selbst für Erwachsene schwer zu ertragen. Andererseits können Kinder gern bei dem schönen Brauch, der vielerorts gepflegt wird, bei der Beerdigungsnachfeier, dabei sein. Sie spüren: Es wird liebevoll über den Menschen gesprochen, der heimgegangen ist, die Eltern erfahren Trost und Zuwendung, „Trauerbegleitung" von Freunden und Verwandten.

Eine gute Hilfe bei Gesprächen mit Kindern über den Tod zur Beantwortung ihrer Fragen („Kommt meine Katze, mein Hund in den Himmel?“, „Tut es weh, wenn man sterben muß?“ ...) kann die Betrachtung von einigen empfehlenswerten Bilderbüchern sein, die auf verschiedene Weise das Problem des Todes aufarbeiten:

A. Becker
„Ich will etwas vom Tod wissen“
Verlag Ravensburg

W. Oyen
„Abschied von Rune“
Verlag Ellermann

Gunilla Lundgren
„Der Baum, der nicht sterben wollte“
Carlsen-Verlag

R. Schindler
„Pele und das neue Leben“
Verlag Kaufmann

Marlee und Benny Alex
„Großvater und ich“
Brunnen-Verlag

Manfred Mai
„Wenn Oma plötzlich fehlt“
Verlag Herder

außerdem:
Marlene Leist
„Kinder begegnen dem Tod“
Verlag Herder

Auch verschiedene biblische Geschichten bieten sich an zur Bewältigung der Trauerarbeit bei Kindern. Dabei sind besonders hilfreich die Bilder von Gott als dem guten Hirten und dem liebenden Vater. Eine ganze Reihe von weiterführenden Impulsen ist zu finden in den Büchern:

B. Cratzius
„Frühling im Kindergarten“
Verlag Herder
hier Kapitel 7:
„Die Ostersonne macht unsere Herzen froh“

B. Cratzius
„Uns gefällt die Frühlingszeit“
Verlag Herder
hier ebenfalls Kapitel 7:
„Wenn die helle Ostersonne scheint“.

Der Hirte in dem griechischen Märchen, der gelassen auf das andere Ufer schaut und auf den Tod wartet, weiß nichts von dem Glauben der Christen, daß auf den Karfreitag ein tröstlich heller Ostermorgen folgt, an dem kein Tod, keine Tränen, kein Schmerz mehr sein werden.
So kann die Osterhoffnung für viele Menschen ein Quell des Trostes bei der Bewältigung der Trauerarbeit sein, „denn Gott wird abwischen alle Tränen von ihren Augen“ (Offb. 7,17).

Eine Fahrt ans Grab der Großeltern

Am Wochenende fährt Martin mit seinen Eltern an den Ort im Rheinland, wo sie früher gewohnt haben. Morgen ist das Fest „Allerseelen", da soll das Grab von Martins Großeltern geschmückt werden. Sonst freut sich Martin immer, wenn er in seine „alte Stadt" fahren darf. Aber heute ist ihm ganz traurig zumute. Die Novemberwolken hängen tief und grau über der Landschaft. Die Straße ist naß und glitschig.
Martin muß an seine Großeltern denken. Oma konnte so wunderbare Zimtsterne backen und Marzipanfiguren kneten. „Das Rezept für das Marzipan hab' ich noch von meiner Mutter aufbewahrt", hat sie oft gesagt, „das gab es bei uns im Osten immer in der Weihnachtszeit." Und dann hat sie oft von der alten Heimat gesprochen, von der Hungerzeit und der Flucht. Martins Mutter ist damals noch ganz klein gewesen, sie kann sich kaum noch an diese Zeit erinnern. – Und Oma konnte so schöne Märchen erzählen! Und Gedichte aufsagen! Alles auswendig! Martins Mutter braucht immer ein Buch dazu, oder sie stellt ihm eine Märchenkassette an. Sie hat ja immer so wenig Zeit!
Martin denkt auch an Opa. Er sieht ihn ganz deutlich vor sich, wie er im Garten steht und die Apfelbäume beschneidet. Oft haben sie miteinander auf die Vogelstimmen gelauscht, und Opa hat ihm die verschiedenen Vogellieder erklärt. Einmal haben sie ein Amselnest in der dichten Hecke gemeinsam entdeckt! Abends haben sie manchmal auf dem Balkon gestanden, und Opa hat ihm die Sternbilder gezeigt. „Da – der Große Wagen! Guck mal – wie lang die Deichsel ist!" – Vor dem Einschlafen ist Opa an Martins Bett gekommen, und sie haben miteinander gebetet.

Es wird schon dunkel, als sie auf dem Friedhof ankommen. Sie zünden die Kerzen am Grab an. Die Goldschrift auf dem großen Stein leuchtet in ihrem flackernden Schein. Oma hat sich so sehr gewünscht, daß ihre Namen in Gold ausgemalt werden. – Die Eltern harken das welke Herbstlaub ab und stecken frisches Tannengrün auf das Grab. Vater spricht das Vaterunser, seine Stimme zittert dabei.
Auch auf vielen anderen Gräbern leuchten in der Dunkelheit die Kerzen. Manche Gräber aber sind verwil-

dert, dunkel, verlassen. Auf einigen Gräbern steht kein Stein, kein Name mehr.
„Mami", sagt Martin. „Bleibt der Stein mit Omas und Opas Namen immer stehen? 50 oder 100 Jahre lang?"
„Irgendwann, wenn wir nicht mehr leben, wird die Goldschrift mit den Namen nicht erneuert werden", sagt die Mutter. „Dann werden auch die Steine abgeräumt." „Und dann sind Oma und Opa für immer und ewig vergessen?" fragt Martin traurig.
Die Eltern schweigen. Dann sagt Mutter nach einer Weile: „Ich glaube nicht, daß Omas und Opas Namen vergessen sind. Ich glaube, daß Gott uns genau mit all unseren Namen kennt. Es gibt ein schönes Wort in der Bibel, das habe ich oft gelesen, als ich nach Opas Tod so traurig war: ‚Ich habe dich bei deinem Namen gerufen, du bist mein!' Und Jesus hat einmal gesagt: ‚Für Gott sind sie alle lebendig, denn er ist nicht ein Gott der Toten, sondern der Lebenden.'" – „Das ist schwer zu verstehen", sagt Martin. „Wenn ich an Opa denke, dann fällt mir immer das Abendgebet ein, das er an deinem Bett gesprochen hat", sagt Mutter:

„Mir wird nichts mangeln.
Und wenn ich im finstern Tal wandle,
so fürchte ich doch kein Unheil.
Mit Güte und Freundlichkeit umgibt mich
der Herr alle Tage meines Lebens."

„Das ist ein gutes Wort für die traurigen Tage im November!" sagt der Vater. Als sie wieder im Auto sitzen, meint Martin: „Ich weiß, was ich morgen bastle! Mami hat doch noch so viele Kerzenreste vom vorigen Weihnachtsfest. Ich sollte doch schon immer mal die alten Kerzen einschmelzen. – Ich gieße mir neue Kerzen und verziere sie wie damals die Osterkerzen zu Ostern. Wenn ich an unsere schönen leuchtenden Kerzen am Osterfest denke, kommt mir alles so hell und freundlich vor. Dann werde ich richtig froh." „Ja", sagt die Mutter, „das ist, als ob die Sonne rauskommt hinter dunklen Wolken."

Anschließend an diese Geschichte können sich verschiedene Gesprächsimpulse ergeben: Wir haben unsere Toten lieb, deshalb pflegen und schmücken wir ihre Gräber. Wir stecken frisches Grün auf, wir pflanzen Blumen – ein Zeichen neuen Lebens. Jesus hat uns versprochen: „Ich mache alles neu."
Martin hat seine Großeltern sehr lieb gehabt. Er kann sie nicht vergessen, er bewahrt liebevolle Erinnerungen sorgsam auf.
Der Name der Toten soll nicht vergessen werden – wir betrachten Inschriften (und Bilder) auf den Grabsteinen. Martin will Osterkerzen gießen. Für Christen ist das Thema Tod eng mit Ostern, mit der Auferstehung verbunden.

Heil'ger Martin, zieh voran!

Text: Barbara Cratzius
Musik: Ludger Edelkötter

Laterne, Laterne
gehen wir so gerne.
Heller als der Sternentanz
leuchtet unser Lichterglanz.
Heil'ger Martin…

Laterne, Laterne
gehen wir so gerne.
Ist dein Licht schon ausgebrannt,
komm, ich nehm' dich bei der Hand!
Heil'ger Martin…

Laterne, Laterne
gehen wir so gerne.
Geht nach Haus noch lange nicht,
kommt, ich teil mit euch mein Licht!
Heil'ger Martin…

Laterne, Laterne
gehen wir so gerne.
Und wir singen froh das Lied,
alle, alle ziehen mit.
Heil'ger Martin…

Vom Teilen und Laternebasteln

Heute wollen die Kinder ihre Laterne für den Martinsumzug basteln. In der Sterntalergruppe kleben die Kinder ihre gepreßten Blätter auf das Transparentpapier. Florian hat schon sechs Blätter aufgeklebt. Er hält das Papier vor das Fenster. „Sieht stark aus", stellt er fest. „Schaut mal! Die einzelnen Adern hier! Ganz toll! Besonders da in der Mitte das braune Blatt!"
„Das ist ein Eichenblatt", stellt Petra fest. Sie weiß das so genau, weil im Garten ihrer Oma eine große Eiche steht.
Michael findet die langen schmalen Weidenblätter so gut. Die hat er von der alten Weide unten am Bach gepflückt. Weidenblätter kennt er ganz genau.
„Jetzt wollen wir schon mal unser Martinslied üben", sagt Frau Petersen. „Beim Martinszug sollt ihr doch alle ganz laut mitsingen!"
Gerade als die Kinder den Kehrvers singen: „Martin, zieh voran", geht die Tür auf. Da steht eine Frau mit einem kleinen Jungen an der Hand. Ängstlich geht er einige Schritte. So viele fremde Gesichter schauen ihm entgegen.
„Ach, das ist gut, daß Sie heute schon kommen", sagt Frau Petersen. „Da kann Olaf ja gleich mitbasteln. Es wird ihm bestimmt gefallen bei uns! Und die Martinslieder lernt er auch gleich mit! Komm, Olaf, du kannst dich hier an den Tisch zu Florian und Michael setzen!"
Zögernd kommt der Neue näher. „Eine Käseschachtel und Papier hab' ich auch noch für dich! Und Blätter wirst du sicher von den anderen bekommen!" meint Frau Petersen.
Florian und Michael rücken ein bißchen zur Seite, aber eben nur ein bißchen. „Ist eigentlich sowieso schon ziemlich eng hier", meint Florian.
„Du – mach nicht so viel Wind mit deinem Anorak. Da fliegen noch alle Blätter runter!" ruft Michael. Nun hat sich der Neue hingesetzt. „Wo kommst du denn her?" fragt Florian. „Oh – ganz weit von der Nord-

Das Fest des Heiligen Martin am 11. November wird in vielen Kindergärten festlich begangen. Weitere vielfältige Anregungen zur Ausgestaltung der Martinsfeiern sowie Geschichten und Legenden um den Heiligen Martin finden sich in meinen Büchern im Verlag Herder: „Herbst im Kindergarten" und: „Ein ganzes Jahr und noch viel mehr", Band 1.

see“, sagt Olaf. „Von einer Insel.“ – „Ach, darum machst du wohl so viel Wind“, schimpft Florian. „Guck mal, drei Blätter hast du schon runtergeschmissen. Die sind richtig zerknittert!“
Nun schiebt Michael seinen Blätterhaufen näher zu sich heran. „Hättest dir ruhig ein paar Blätter von der Insel mitbringen können“, meint er. „Oder gibt's bei euch keine Bäume?“
Da tritt Frau Petersen an den Tisch. „Na, Olaf“, meint sie, „du willst dir ja eine schöne Laterne basteln. Guck mal, hier ist ein buntes Blatt. Es gehört Florian. Vielleicht gibt er es dir ab.“ – „Das ist mein schönstes! Von unserm roten Zierstrauch im Garten!“ schreit Florian. Michael guckt Olaf an. Ganz ängstlich schaut der Neue aus. Er mag gar nicht mehr aufblicken. „Hier kriegst du fünf Weidenblätter“, sagt Michael gönnerhaft.
Nun sind Petra und Jessica an den Tisch getreten. „Von uns kannst du auch welche haben“, ruft Jessica. „Danke!“ sagt Olaf leise. Ganz sorgfältig fängt er an zu kleben. „Wird ein schönes Muster“, stellt Florian nach einer Weile fest. „Du bist ja gar nicht so ungeschickt!“ „Hier – du kannst ruhig noch ein paar Blätter von dem Zierstrauch haben. Ich hab' ja noch über zehn Stück!“ Und großzügig schiebt er ihm die schön geformten roten Zackenblätter über den Tisch. „Danke!“ sagt Olaf. „Ich freu' mich schon auf den Martinszug. Meine Mutter hat mir davon erzählt. Das wird mein allererster.“

Laterne in Kugelbatik

1. Lege in eine flache Schachtel Transparentpapier (wie es der Architekt braucht) in der Größe der Laterne (L = 40 cm, B = 20 cm).

2. Tupfe darauf Farbe, die leuchtet bzw. durchscheinend ist, wie: farbige Tusche – Cromarfarbe – Aquarellfarbe aus der Tube.

3. Bewege die Schachtel, in die du einige Murmeln gelegt hast, sanft nach allen Richtungen. Die Murmeln verteilen die Farbe, und es entstehen herrliche Zufallsmuster.

4. Wenn die Laterne auch bei Tageslicht glänzen soll, male mit Goldstift Punkte, Wellen oder kleine Muster auf die getrocknete Farbe.

5. Schachtel
ca. 40 cm lang,
5–10 cm hoch,
20 cm breit.

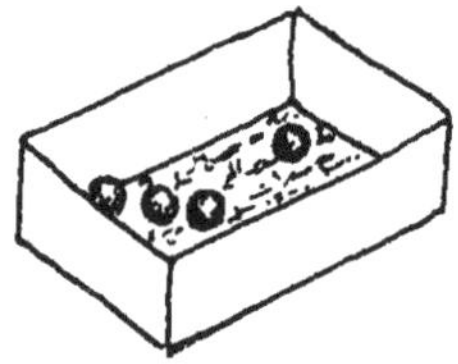

6. Transparentpapier
lose einlegen,
Farbe auftupfen,
Murmeln auf
die nasse Farbe.

7. Schachtel nach allen
Richtungen bewegen.

8. „Mantel"
um Käseschachtel
montieren.

M. Schacherbauer

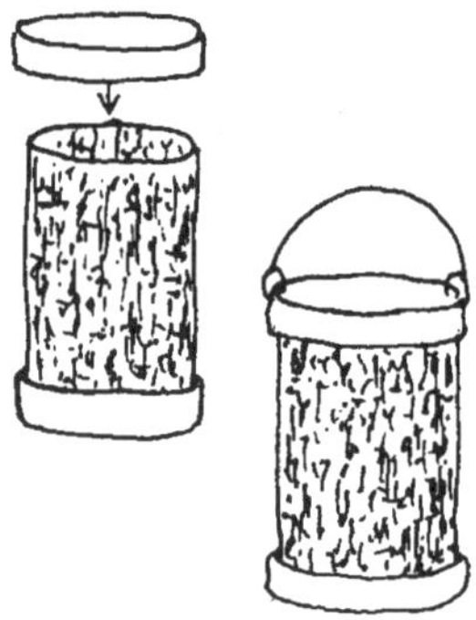

Laterne für den Martinsumzug

Die verschiedenen Laternenformen in meinem Buch: „Ein ganzes Jahr und noch viel mehr", Band 1, S. 63ff. können mit einem Schattenriß von der Mantelteilung des Heiligen St. Martin geschmückt werden. Dazu wird der nebenstehende Schattenriß vergrößert, auf schwarzes Scherenschnittpapier gemalt, ausgeschnitten und auf das Transparentpapier der Laterne geklebt (vgl. auch die „Mantelteilung" S. 111).

Lichtermond und Lichterstern

Text: Barbara Cratzius
Musik: Ludger Edelkötter

Dunkel muß es draußen sein,
dann erst leuchtet hell der Schein.
Die Laterne selbst gemacht
tragen stolz wir in der Nacht.
Dunkel muß es draußen sein,
dann erst leuchtet hell der Schein.

Lichterhaus, verlösche nicht!
Lichterfisch, zeig dein Gesicht!
Lauter klingt nun unser Lied,
singt doch alle, alle mit!
Lichterhaus, verlösche nicht!
Lichterfisch, zeig dein Gesicht!

Lichtermond, ich pust' dich aus!
Lichterstern muß jetzt nach Haus!
Leiser klingt es ganz von fern:
Leuchte, leuchte, Mond und Stern!
Lichtermond, ich pust' dich aus!
Lichterstern muß jetzt nach Haus!

Vom Laternegehen

Nach jedem Vers kann als Kehrvers gesprochen werden:
Heil'ger Martin, wir folgen dir nach.

Heiliger Martin,
reit du voran,
führ den Lichterzug nun an!
Heil'ger Martin, Gottesmann!

Heiliger Martin
auf stolzem Pferd.
Du erkennst die große Not,
teilst den Mantel mit dem Schwert.

Heiliger Martin,
du halfst in Not,
läßt den Bruder nicht allein,
wie es unser Herr gebot.

Meine Laterne,
die zünd' ich an,
daß sie in der dunklen Nacht
strahlen und uns leuchten kann.

Meine Laterne
gibt helles Licht.
Ich trag' sie durch Nacht und Wind
und laß sie verlöschen nicht.

Nimm die Laterne,
ich reich' sie dir.
Laß uns doch zusammengehn,
daß sie leuchtet dir und mir.

Die Mantelteilung von St. Martin in Durchreibetechnik

Die Figur von St. Martin, des Pferdes und des Bettlers werden auf Karton gemalt, ausgeschnitten und auf Karton geklebt.
Dann wird ein Stück Zeichenpapier darübergelegt. Nun entstehen in Durchreibetechnik die einzelnen Figuren: Für St. Martin wird zum Beispiel rote Kreide, für das Pferd schwarze, für den Bettler lila Kreide verwendet.
Durch diese Technik entsteht eine sehr reizvolle neblige Novemberstimmung, die dem äußeren Rahmen des Geschehens sehr entspricht.

A. Striebel

Kapitel 6: Mein Teddy will noch nicht schlafen

Schlafprobleme bei Kindern

Lärm, unruhiger Lebensrhythmus und die Hektik im täglichen Leben belasten auch schon unsere Kinder. Erzieherinnen erleben jeden Tag, wie sich die Belastungen bei vielen Kindern schon früh auswirken: sie sind nervös, ängstlich, unkonzentriert, ihre Emotionen laden sich oft in Aggressionen innerhalb der Kindergruppe ab.

Haben Sie folgende Situationen nicht auch schon bei Ihren eigenen Kindern oder bei Freunden und Bekannten erlebt? Wenn das Sandmännchen im Fernsehen seine gemütvollen Geschichten erzählt, fangen unsere Kleinen an zu gähnen, so daß wir meinen: „Nun ist es aber wirklich höchste Zeit, daß ihr ins Bett geht!"

Aber da sind Michael und Danicla und Jessica plötzlich wieder putzmunter: „Ich hab' doch das Bauerndorf... das Indianerlager... die Legohäuser... noch aufgebaut... Ich muß noch fünf Kuchen in der Sandkiste backen... oh – es klingelt, da kommt Tante Sabine!..."

Das alles ist viel aufregender und spannender als das lästige Aufräumen der Spielsachen, das Waschen und Zähneputzen. – Und wenn Michael sich dann endlich gewaschen hat und Jessica, die eine Ewigkeit lang in der warmen Badewanne geplanscht hat, sich in die Kissen kuschelt und die Erwachsenen sich auf den verdienten Feierabend freuen, dann haben die Kleinen auf einmal wieder Durst oder Hunger, oder ihnen fällt ein, daß der Teddy noch draußen in der Sandkiste sitzt.

Auf Elternabenden werden dann auch noch viele andere Klagen und Fragen der betroffenen Eltern laut, die oft ihre Ursachen in tieferliegenden Störungen im Umfeld der Kinder haben... „Unsere Tochter schlüpft noch jede Nacht ins Elternbett, sie will nicht allein schlafen... Unser vierjähriger Sohn wacht jede Nacht laut weinend auf und kann nicht wieder einschlafen. Dann müssen wir ihn auf den Arm nehmen und lange herumtragen, bis er sich beruhigt..."

Bettnässen, nächtliches Weinen und Schreien, Hin- und Herschlagen des Kopfes – die Reihe der elterlichen Klagen und Erfahrungen ist lang.

In vielen Fällen, wenn das Sandmännchen streikt, hilft es Eltern und Kindern, am Abend eine geruhsame Atmosphäre zu schaffen. Ein gewisses Ins-Bett-Geh-Ritual führt dazu, daß das Kind sich in ruhiger Entspannung auf die Zeit vor dem Einschlafen freut. Da kommen die Eltern noch einmal ans Bett, da darf ein bißchen gekuschelt werden, ein Bilderbuch kann betrachtet werden; vielleicht wird eine längere Geschichte erzählt oder ein Lied gesungen, das die Kinder vom Kindergarten mit nach Hause gebracht oder die Eltern auf einem Elternabend miteinander gelernt haben. Auch ein kleines Fingerspiel kann gespielt werden.

Vielleicht tragen die Kinder auch Probleme des Tages mit sich herum, den Streit in der Kindergruppe..., das Spiel-

zeug, das kaputtgegangen ist... – Solche Probleme können in vorsichtigem, ruhigem Gespräch abgebaut werden. Die beruhigenden Worte von Vater und Mutter, das geliebte Schmusetier oder Schmusekissen im Arm, der warme Lichtschein durch die geöffnete Tür, auch ein Abendgebet, vermitteln dem Kind das Gefühl, geborgen zu sein.
Vielleicht kann man auch eine „Ruhe-Geschichte" (S. 125f.) erzählen und dem Kind dabei das Bewußtsein von Wärme und Schwere vermitteln. Das Gefühl, geborgen, angenommen zu sein vor dem Dunkel der Nacht, kann dem Kind Sicherheit und Geborgenheit schenken, die es für seine Entwicklung zu einem angstfreien, selbstbewußten Leben braucht.
Die folgenden Gedichte, Lieder usw. können im Kindergarten eingesetzt werden, sobald Ruhephasen angezeigt sind, sie eignen sich aber auch als Material für Elternabende zum Thema „Schlafstörungen".
Weitere Einschlaf-Geschichten finden sich in meinen Betthupferl-Büchern, Loewes-Verlag. Cratzius „Wo ist der Mond geblieben", „Wenn der Teddy träumt", „Himmelsschaf und Sternenbär". Außerdem kann ich auf empfehlenswerte Bücher hinweisen:

Davis Haslem
„Schlaflose Kinder – unruhige Nächte"
Kisel-Verlag

Jirina Prekop
„Kinder sind Gäste, die nach dem Weg fragen"
Kösel-Verlag
dazu das Kapitel: „Die Nächte mit dem Kind"

Wichtiger Hinweis: Das geliebte zuckerhaltige „Betthupferl" kurz vor dem Schlafengehen ist für viele Kinder, nicht nur für die Zähne, sehr ungesund. Blähungen und damit verbunden unruhiger Schlaf sind oft die Folge. Die Ur-

sache kann eine Pilzbesiedlung des Darms mit Candida albicans-Pilzen (Hefepilzerkrankung) sein. Diese Zusammenhänge sind erst in den letzten Jahren bekannt geworden. Pilzerkrankungen scheinen zu einer Volksseuche zu werden.
Durch die Beeinträchtigung der normalen Darmflora beginnen die an sich „harmlosen“ Candida-Pilze zu wuchern. Diese Pilzkulturen ernähren sich von Kohlehydraten, besonders von stark zuckerhaltigen Nahrungsmitteln. Über Nacht kann sich eine Pilzkultur verdoppeln. Verdauungsstörungen, auch Neurodermitis, aber auch das Zappelphilipp-Syndrom mit Überaktivität und Konzentrationsstörungen können die Folge sein.
Weil ich aus näherer Verwandtschaft diese Beschwerden kenne, habe ich mich besonders mit den Zusammenhängen befaßt. – Die Pilze beanspruchen auch einiges an Mineralien, Spurenelementen und Vitaminen, so daß der Körper daran verarmt.
Also möglichst - Hände weg von den abendlichen Betthupferln!

Zum Schluß noch eine Empfehlung der Kinderärzte: Kinder von zwei bis drei Jahren brauchen 12 bis 14 Stunden Schlaf. Vier- bis Sechsjährige sollten etwa 11 bis 12,5 Stunden täglich schlafen. Aber man sollte sich nicht sklavisch an diese Empfehlungen halten; Ausnahmen bestätigen die Regel; auch bei Kindern gibt es unterschiedliche Schlafbedürfnisse.

Die Geschichte vom guten alten Mond

Der Nußbaum vor dem Haus warf lange Schatten. Die Abendwolken bekamen rote Ränder. Langsam sank die Sonne tiefer und tiefer und verschwand hinter den Bergen. Über den Hang kroch der Mond höher und höher. Nun stand er voll und rund am Himmel, und die ersten Sterne blitzten auf.
Das freundliche Gesicht des guten Mondes sah heute ganz ärgerlich aus. „Jeden Abend dasselbe“, brummte er, „wie oft soll ich euch noch sagen, daß ihr endlich schlafen gehen sollt.“ Er schickte einen langen leuchtenden Mondstrahl zu den Glockenblumen und den Gänseblümchen auf der Wiese. „Gleich, gleich!“ sagten die Blumen, „wir müssen doch unsere Kelche noch offen halten, die Bienen wollen noch Nektar naschen!“ „Nichts da“, brummte der Mond, „die Bienen sind alle im Bienenstock! Und die anderen Blumen schlafen auch schon!“ „Sing uns doch noch das Abendlied vor!“ bettelten die Blumen. Der Mond sang mit sanfter, tiefer Stimme:

„Glockenblumen, Gänseblümchen,
laßt das Blühen sein!
Denn jetzt will es Abend werden,
schlaft nun, schlaft nun ein!“

Da falteten die Glockenblumen ihre Kelche zusammen, und die Gänseblümchen schlossen ihre Blütenblätter.

„Was muß ich denn dort noch sehen?“ seufzte der Mond mißmutig. „Da flattert doch der kleine freche Schmetterling immer noch auf der Wiese herum! Marsch! Kriech unter die großen Farnblätter! Du weckst ja die kleinen Mücken und Fliegen auf. Oder soll ich der alten Nachteule Bescheid sagen! Die wird dich wegschnappen!“ – „Nein, nein!“ rief der kleine Schmetterling ängstlich und war schon unter dem hohen Blätterdach der Farne verschwunden. „Lieber Mond, sing mir doch noch dein Schlaflied vor!“ bettelte er. Und der gute, alte Mond sang:

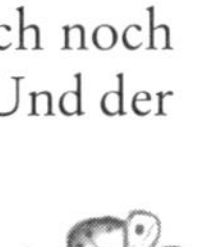

„Kleiner, frecher Schmetterling,
laß das Flattern sein!
Denn jetzt will es Abend werden,
schlaf nun, schlaf nun ein!“

Die Strahlen des Mondes wanderten weiter. „Was ist das?“ brummte der Mond, „da sitzt doch wirklich noch ein glänzender roter Marienkäfer auf dem Löwenzahnblatt und krabbelt und krabbelt! Wirst du wohl unter den großen Stein kriechen! Hörst du, der Igel tappt schon durchs feuchte Gras. Soll ich ihm Bescheid sagen?“
Kribbel, krabbel, schon war der Marienkäfer unter dem großen Stein verschwunden. Nur die Fühler streckte er noch ein paarmal hervor:
„Bitte, lieber Mond, sing mir doch dein Schlaflied vor!“ bettelte er. Und der gute, alte Mond sang:

„Kleiner, roter Krabbelkäfer,
laß das Krabbeln sein!
Denn jetzt will es Abend werden,
schlaf nun, schlaf nun ein!“

Die Strahlen des Mondes wanderten höher. „Da segeln doch tatsächlich die jungen Schwalben noch hoch über den

Apfelbäumen", brummte der Mond. „Und sie sollten doch längst in ihr Nest unter dem Scheunendach geschlüpft sein. Na, wird's bald!" schimpfte er. „Oder ich sag' dem Nachtwind Bescheid, der wird euch hin- und herpusten, daß euch Hören und Sehen vergeht!"
Schwupp – im Sturzflug ließen sich die Schwalben niederfallen und schlüpften ins warme Nest hinein. Noch einmal streckten sie die kleinen Köpfe hervor. „Sing uns doch noch dein Abendlied vor!" bettelten sie. Der gute, alte Mond sang:

„Kleine, schnelle, schwarze Schwalben,
laßt das Fliegen sein!
Denn jetzt will es Abend werden,
schlaft nun, schlaft nun ein!"

„So, nun schlafen alle kleinen Tiere", dachte der Mond. Seine Strahlen wanderten am Waldrand entlang. Was war das? Da spielten doch wirklich noch die kleinen braunen Häschen auf der Wiese. Die alte Häsin hatte ihnen schon ein paarmal mit den Löffeln über die Ohren gehauen. Aber die Kleinen konnten ja nicht hören! „Der Fuchs wird sie holen", brummte der Mond. „Der liegt schon auf der Lauer! Ab ins Versteck mit euch!"
Wupp, wupp, mit ein paar hohen Sätzen waren alle Häschen verschwunden. Ihre braunen Augen blinzelten vorsichtig noch einmal hervor. „Bitte, sing uns doch dein Schlaflied vor!" bettelten sie. Der gute alte Mond sang:

„Flinke Häschen, braune Häschen,
laßt das Spielen sein!
Denn jetzt will es Abend werden,
schlaft nun, schlaft nun ein!"

„So, nun hab' ich meine Ruhe", dachte der Mond. Er leuchtete über die Häuser hin und schickte einen glänzenden Strahl auf die Kirchturmspitze, wo der Wetterhahn saß. Ganz unbeweglich hockte er da, denn auch der Nachtwind hatte sich zur Ruhe gelegt.

„Nun schlafen auch die Menschen allmählich ein“, dachte der Mond. Hinter den Fenstern gingen langsam die Lichter aus. Aber da – was war denn das? Da war doch der kleine Martin wieder aus dem Bett gekrabbelt, hatte die Nachttischlampe angeknipst und den Vorhang aufgezogen. Er guckte zu dem Großen Wagen hoch, der glänzend über dem Haus stand.

„Martin, willst du endlich schlafen!“ brummte der Mond. „Alle kleinen Tiere und alle kleinen Menschen sind schon längst eingeschlafen. Marsch, ins Bett mit dir! Sonst zieh’ ich mir den Wolkenvorhang vors Gesicht, und die Sterne kannst du dann auch nicht mehr sehen! Komm, ich leuchte dir!“ Ein heller Mondstrahl fiel ins Zimmer, und Martin freute sich.

„Erzählst du mir auch eine Geschichte?“ fragte Martin. „Aber erst, wenn du in deinem Bettchen liegst“, brummte der Mond. Schnell schlüpfte Martin ins Bett und zog die Decke hoch. Und der Mond fing mit seiner tiefen, warmen Stimme an zu erzählen von den Glockenblumen, von den Gänseblümchen, von dem Schmetterling und dem Marienkäfer, von den Schwalben … Bei den Häschen wurde seine Stimme leiser und leiser. Aber da war Martin schon eingeschlafen. Und der Mond flüsterte noch:

„Kleiner Martin, lieber Martin,
schlüpf ins Bett hinein!
Denn nun ist es Nacht geworden,
schlaf nun, schlaf nun ein!“

Gestaltungsvorschlag: Diese Geschichte kann während des Erzählens pantomimisch von den Kindern gespielt werden.

Der Mond wandert mit einer Laterne im Raum umher.
Die Blumen schließen ihre Kelche.
Die Schmetterlinge flattern umher und falten ihre Flügel zusammen.
Die Marienkäfer krabbeln umher und legen sich schlafen.
Die Schwalben segeln noch einige Male im schnellen „Sturzflug“ umher, bis sie ins „Nest“ schlüpfen (z. B. Holzreifen).
Die Häschen hoppeln umher, bis sie mit ein paar hohen Sätzen in ihrem „Bau“ verschwinden (z. B. Wolldecken).
Der Wetterhahn dreht sich einmal herum, dann hockt er unbeweglich da.
Der kleine Martin guckt zum Himmel hoch, dann schlüpft er ins Bett hinein.

Der Mond schwimmt durch das Wolkenmeer – Himmelsmobile

Wir schneiden je eine dunkelblaue und eine weiße Wolke in Faltschnitt aus. In passender Größe wird ein Halbmond ausgeschnitten und ins Wolkenbettchen gelegt (zwischen die Wolken geklebt).
Nun befestigen wir an jeder Seite noch Sterne. Diese können auch an langen Fäden im „Weltenraum“ tanzen.
Jetzt darf der Mond in seinem Bettchen an einem Faden frei im Raum oder am Fenster schweben. *H. Schauder*

Weißt du, wie die Tiere schlafen?

Text: Barbara Cratzius
Musik: Ludger Edelkötter

Spielvorschlag: Zu jeder Strophe können die Kinder pantomimisch die Bewegungen der verschiedenen Tiere nachahmen.

Weißt du wie? Weißt du wie?
Weißt du, wie die Amseln schlafen?
Sie fliegen ins Blätterhaus hinein,
so schlafen Amselkinder ein.
Sie plustern noch einmal weit die Federn.
Schlaft ihr Amseln ein!

Weißt du wie? Weißt du wie?
Weißt du, wie die Fohlen schlafen?
Sie springen ins hohe Heu hinein,
so schlafen Fohlenkinder ein.
Sie beugen die langen Beine nieder.
Schlaft ihr Fohlen ein!

Weißt du wie? Weißt du wie?
Weißt du, wie die Bienen schlafen?
Sie fliegen ins Bienenhaus hinein,
so schlafen Bienenkinder ein.
Sie brummen und falten ihre Flügel.
Schlaft ihr Bienen ein!

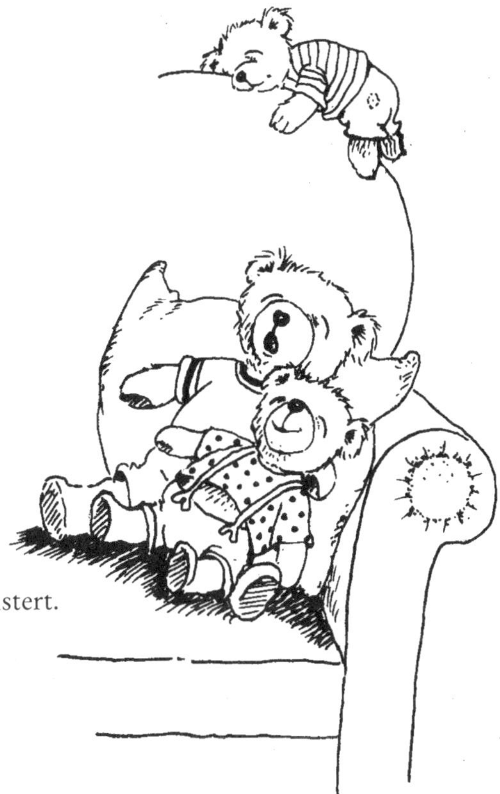

Weißt du wie? Weißt du wie?
Weißt du, wie die Mäuschen schlafen?
Sie kriechen ins Mäuseloch hinein,
so schlafen Mäusekinder ein.
Die Mutter hat das Nest ganz weich ausgepolstert.
Schlaft ihr Mäuschen ein!

Weißt du wie? Weißt du wie?
Weißt du, wie die Teddys schlafen?
Sie recken und strecken Arm und Bein,
so schlafen Teddykinder ein.
Horch, das Bäuchlein brummt noch einmal leise.
Schlaft ihr Teddys ein!

Weißt du wie? Weißt du wie?
Weißt du, wie die Kinder schlafen?
Sie kuscheln sich tief ins Bett hinein,
so schlafen kleine Kinder ein.
Und der Sandmann schickt ganz liebe Träume.
Schlaft ihr Kinder ein!

Die Prinzessin auf der Erbse

nach Andersen – auch als Klangspiel

Es war einmal ein junger Prinz, der wollte gern heiraten. Aber in seinem ganzen Reich fand er keine passende Prinzessin. Da ließ er seinen Diener die Trompete blasen.

Flöte

Der Prinz rief: „Ich fahre in die Welt hinaus und suche eine richtige Prinzessin." Aber er fand keine.

Kind geht hinaus, kommt traurig wieder.

Er kehrte ganz traurig ins Schloß zurück. Seine Eltern waren auch betrübt. Eines Abends gab es ein großes Gewitter. Der Donner rollte. Die Regentropfen prasselten ans Fenster. Da klopfte es an die Tür.

Gewitter, Regen nachahmen
Orff-Instrumente

poch, poch

Vor dem Tor stand eine Prinzessin. Sie sah ganz zerzaust aus. Ihre Kleider waren naß und schmutzig.

Da durfte sie ein heißes Bad nehmen. Ihre Kleider wurden gewaschen und gebügelt. Nun sah sie aus wie eine richtige Prinzessin. Aber die Königin wollte doch einmal eine Probe mit ihr machen. Sie holte eine Erbse und legte viele weiche Kissen darüber.

Kissenberg wird aufgebaut.

Ein richtiger Kissenberg wurde das.

Die Kinder rufen mit jedem neuen Kissen: plump, plump, plump.

Die Prinzessin kletterte hinauf und wollte schlafen. Aber sie konnte und konnte nicht einschlafen. Eine Erbse drückte sie so.

Plopp – au!
Plopp – au!
Plopp – au!
Plopp – au!

Am Morgen fragte die Königin: „Hast du gut geschlafen?"

„Ich konnte die ganze Nacht nicht schlafen, ich habe auf etwas Hartem gelegen", sagte die Prinzessin.

„Dann bist du eine richtige Prinzessin!" riefen alle, und sie feierten das Hochzeitsfest.

Die Kinder singen und tanzen nach der Melodie „Ein Vogel wollte Hochzeit machen": Da feierten sie das Hochzeitsfest...

Von Teddys und anderen Dingen

Das Wunderkissen

Das folgende Spiel (nach dem Spiel „Der Wundersack“, entnommen aus dem empfehlenswerten Buch von Hedi Friedrich: Auf Kinder hören – mit Kindern reden, Verlag Herder) kann im Zusammenhang mit dem Märchen „Die Prinzessin auf der Erbse“ gespielt werden.
Die Kinder lernen (wie die „feinnervige“ Prinzessin) durch Tasten und Fühlen Gegenstände unterscheiden. Sie sollen verschiedene Dinge erraten, benennen, auch erklären und begründen, worauf sich das Urteil stützt.

Material: 1 Stoffsack, evtl. ein Kissenbezug, verschiedene Gegenstände und Spielsachen.
Spielvorschlag: In einen Stoffsack werden verschiedenartige Spielsachen oder bekannte Gebrauchsgegenstände gesteckt. Die Anzahl der Gegenstände sollte mindestens der Anzahl der Kinder entsprechen.
Die Kinder versuchen nun nacheinander, einen der Gegenstände zu „erfühlen“, d. h., ihn dabei zu beschreiben und ihre Vermutung zu begründen. Zum Beispiel: „Dies ist ein Teddy, weil ich ein Bein fühle und er so zart ist ...“
Wurde der Gegenstand richtig geraten, kann das Kind ihn aus dem Sack nehmen, und das nächste Kind ist an der Reihe.
1. Variante: Statt verschiedenartiger können ganz ähnliche Gegenstände in den Sack gesteckt werden, zum Beispiel runde Sachen: Äpfel, Ball, Ei, Kugel oder nur Obst, oder längliche Sachen wie Löffel, Bleistifte ...
2. Variante: Es sind immer zwei gleiche Gegenstände im Sack, und das Kind muß durch Tasten das Paar finden.

Teddys Traumbettchen

Jedes Kind bringt verschiedene bunte Servietten und einen kleinen 10 cm großen Teddy mit. Als Unterlage nehmen wir eine Pappe in DIN A 4-Größe. Wir kleben als Bettpfosten rechts und links je eine der Länge nach eng zusammengerollte Serviette. Als Baldachin am oberen Abschluß reicht eine halbe gerollte Serviette. Die frei hängende Baldachinkante verziert man mit Tortendeckenspitzen.

Den Betthintergrund beklebt man mit passendem Sternenpapier.
Nun wird der Teddy gebettet (aufgeklebt).
Aus einer Serviette mit hellem Untergrund werden das Kopfkissen und die Bettdecke möglichst plastisch gestaltet.
Aus vielen verschiedenen Servietten rollen wir die Matratzen und kleben sie fest. Dann wird das „Traumbett“ mit einem Aufhänger versehen und an die Wand gehängt. *H. Schauder*

Schlaflied

Text: Barbara Cratzius
Musik: Ludger Edelkötter

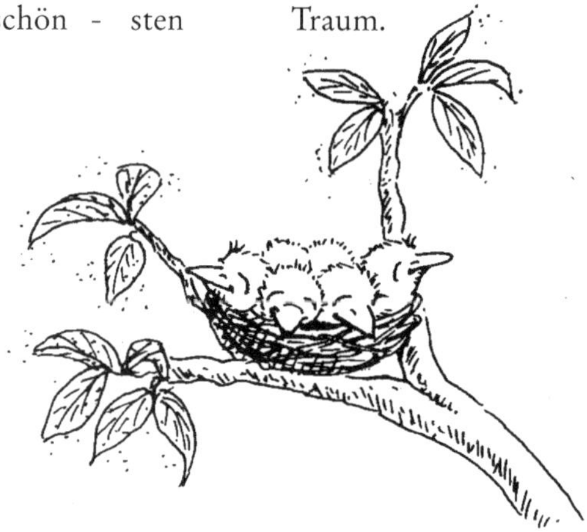

Die Kuscheltiere schlafen ein,
und auch dein Teddybär.
Der macht die runden Augen zu,
nun brummt er gar nicht mehr,
nun brummt er gar nicht mehr.

Dein kleiner Finger schläft jetzt ein
und wird ganz schwer und warm.
Die großen Zehen schlafen ein,
und nun der ganze Arm,
und nun der ganze Arm.

Der volle Bauch, der schläft jetzt ein
und wird ganz warm und schwer.
Die Strampelbeine schlafen ein
und strampeln gar nicht mehr,
und strampeln gar nicht mehr.

Die Augen schwer, sie schlafen ein
und fallen sachte zu.
Der Mund kann nun auch stille sein,
und alles kommt zur Ruh,
und alles kommt zur Ruh.

Der gelbe Mond hängt rund und schwer
in unserm Apfelbaum.
Nun schickt er unserm lieben Kind
den allerschönsten Traum,
den allerschönsten Traum.

Wir fliegen mit einem Ballon hoch auf einen Berg

Es ist ein schöner warmer Spätsommertag. Wir machen Ferien in einem Bergdorf. Das Bauernhaus, in dem wir wohnen, liegt auf einer großen Wiese. Die Schmetterlinge flattern über die Kleeblüten, die Bienen summen. In der Ferne hören wir, wie ein Bauer seine Sense schärft. Er mäht das duftende Heu.
Wir haben uns ins warme Gras gelegt. Wir spüren die sommerwarme Erde unter unserem Körper. Hoch über uns sausen die Mücken in der warmen Sommerluft. Die Schwalben ziehen mit geöffnetem Schnabel ihre Kreise – hoch und immer höher segeln sie dahin.
Am Himmel entdecken wir leuchtend bunte Drachenflieger. Sie lassen sich vom Bergwind höher treiben. In weiten Bögen segeln sie über dem Tal dahin.
Wir haben Lust, uns auch einmal hoch in die Luft zu schwingen. Komm mit, wir machen eine Fahrt mit einem Ballon hoch über die Wiese bis hinauf auf die Berggipfel, auf denen auch im Sommer noch Schnee liegt. Wir steigen in den Ballon ein. Die Halteseile werden gelöst. Der leichte Sommerwind treibt uns empor. Unser Bauernhaus, unser Dorf wird kleiner und kleiner. Wie Spielzeugschachteln liegen der Kirchturm und die Häuser unter uns. Nun können wir die Kühe auf der Wiese nur noch als kleine schwarzweiße Punkte erkennen.
Wir schweben langsam über einen großen See hinweg. Bunte Segelschiffe tanzen auf dem Wasser. Die Heckwellen der Motorboote können wir als ferne weiße Linien erkennen.

Der warme Wind schaukelt unsere Gondel sanft hin und her, gleichmäßig, beruhigend. Wir fühlen uns geborgen wie in einer Wiege. Das sanfte Schaukeln schläfert uns ein. Unsere Augen fallen zu. Ganz müde sind sie geworden von all dem Schauen.

Fortsetzung: Wenn das Kind noch nicht eingeschlafen ist:

Der Ballon treibt nun höher. Wir fliegen über die Bergstation der Seilbahn hinweg. Wir erkennen die Gondel, vollbesetzt mit Menschen. Hoch und höher fliegen wir. Unter uns liegen die Bergwiesen. Kleine Murmeltiere machen Männchen und äugen zu uns empor.
Wie kleine bunte Tupfer leuchten die roten Feuerlilien, die silbrigen Disteln und die blauen Enzianblüten zu uns herauf.
Die Tannen werden niedriger, windzerzauste Krüppelkiefern begleiten unseren Weg. Ganz schwach können wir die roten Polster der Alpenrosen erkennen.
Dann liegt nur noch graues Gestein unter uns, und noch höher blinkt der ewige Schnee zu uns herauf.
Wir schließen die Augen; so sehr blendet der helle Glanz der Höhensonne. Wir hüllen uns in die wärmenden Decken ein.
Ganz wohlig kuschelst auch du dich in dein Bett hinein. Du bist ganz müde von der langen Reise und von all den Eindrücken.
Langsam sinkt der Ballon tiefer. Wolkenschleier ziehen an dir vorbei. Du schließt die Augen. Nun bist du ganz entspannt, du sinkst und sinkst. Bald wirst du sanft schlafen und träumen.

Viele beruhigende Geschichten finden sich auch in meinen Betthupferl-Büchern im Loewes-Verlag: „Himmelsschaf und Sternenbär", „Wo ist der Mond geblieben" und „Wenn der Teddy träumt".

Abendgebete – Abendgedicht

Lieber Gott, ich kann jetzt ruhig in meinem warmen Bett liegen und schlafen. Viele Menschen müssen jetzt arbeiten. Die Lokomotivführer, die Busfahrer müssen hellwach sein, damit sie die Menschen sicher ans Ziel bringen. Die Flugkapitäne müssen die vielen Instrumente sicher bedienen, wenn sie durch den dunklen Himmel fliegen. Die Ärzte und Krankenschwestern müssen Nachtwache halten. Hilf allen Menschen, die heute nacht für andere wach bleiben müssen. Laß sie in ihrem Dienst nicht müde werden. Und schenk ihnen einen guten Schlaf am nächsten Tag. Laß auch die vielen kranken Menschen ruhig schlafen und schenk ihnen Kraft, wenn sie Kummer und Schmerzen haben.

Lieber Gott, heute habe ich in der Tagesschau so viele traurige Bilder gesehen von Autounfällen auf der Autobahn und von einem schlimmen Erdbeben. Die Häuser waren verwüstet, viele Menschen waren verletzt oder getötet worden. Ich kann nicht einschlafen. Die Bilder gehen immer noch in meinem Kopf herum.
Lieber Gott, hilf den armen Menschen! Laß auch mein Herz ruhig werden! Behüte uns alle in dieser Nacht!

Müde bin ich, geh zur Ruh',
schließ' die müden Augen zu.
Vater, laß die Augen dein
über meinem Bette sein.

Alle, die mir sind verwandt,
Herr, laß ruhn in deiner Hand.
Alle Menschen groß und klein
sollen dir befohlen sein. Amen.
Volksgut

Auf ins nächste Abenteuer!

Barbara Cratzius
Indianer-Frühling
Neue Geschichten, Lieder, Sing- und Bewegungsspiele, Rätsel, Rezepte und Bastelideen für kleine Indianer
128 Seiten, zweifarbig illustriert
Paperback
ISBN 3-451-27365-9

Dazu die MC:
Barbara Cratzius / Ulrich Maske
Indianer-Frühling
Spieldauer ca. 40 Minuten
ISBN 3-451-26296-7

Barbara Cratzius
Gespenster-Herbst
Neue Geschichten, Lieder, Sing- und Bewegungsspiele, Rätsel, Rezepte und Bastelideen für kleine Gespenster, Hexen, Zwerge, Vampire und Zauberer
128 Seiten, zweifarbig illustriert
Paperback
ISBN 3-451-26208-8

Dazu die MC:
Barbara Cratzius / Ulrich Maske
Gespenster-Herbst
Spieldauer ca. 40 Minuten
ISBN 3-451-26298-3

Barbara Cratzius
Piraten-Sommer
Neue Geschichten, Lieder, Sing- und Bewegungsspiele,Reime, Rezepte und Bastelideen für kleine Piraten
128 Seiten, zweifarbig illustriert
Paperback
ISBN 3-451-26207-X

Dazu die MC:
Barbara Cratzius / Ulrich Maske
Piraten-Sommer
Spieldauer ca. 40 Minuten
ISBN 3-451-26297-5

Barbara Cratzius
Abenteurer-Winter
Neue Geschichten, Lieder, Sing- und Bewegungsspiele, Reime, Rezepte und Bastelideen für kleine Ritter, Polarreisende und Astronauten
128 Seiten, zweifarbig illustriert
Paperback
ISBN 3-451-26209-6

Dazu die MC:
Barbara Cratzius / Ulrich Maske
Abenteurer-Winter
Spieldauer ca. 40 Minuten
ISBN 3-451-26299-1

HERDER

Im Buchhandel erhältlich!